La cultura se toca

La cultura se toca

Cómo construir una cultura organizativa
basada en valores y enfocada
en la seducción del talento

Ricardo Bacchini

Plataforma
Editorial

Primera edición en esta colección: octubre de 2024

© Ricardo Bacchini, 2024
© de la presente edición: Plataforma Editorial, 2024

Plataforma Editorial
c/ Muntaner, 269, entlo. 1.ª – 08021 Barcelona
Tel.: (+34) 93 494 79 99
www.plataformaeditorial.com
info@plataformaeditorial.com

Depósito legal: B 16444-2024
ISBN: 978-84-10243-57-6
IBIC: KJ

Printed in Spain – Impreso en España

Diseño de cubierta:
Pablo Nanclares

Realización de cubierta y fotocomposición:
Grafime, S.L.

El papel que se ha utilizado para imprimir este libro proviene
de explotaciones forestales controladas, donde se respetan
los valores ecológicos, sociales y el desarrollo sostenible del bosque.

Impresión:
Romanyà Valls
Capellades (Barcelona)

A mi padre

«Ahora, que los sentidos sienten sin miedo…»

JOAQUIN SABINA. *Ahora que…*

Índice

Introducción

«Si hubiera tenido más tiempo, habría
escrito una carta más corta».

MARCO TULIO CICERÓN

«He redactado esta carta más extensa
de lo usual porque no tengo tiempo
para escribirla más breve».

BLAISE PASCAL

Cuando compartí con Jordi Nadal mi inquietud por
escribir este libro, le confesaba que me debatía entre mi
ilusión por transmitir mis aprendizajes a lo largo de mi

carrera profesional, de compartir mi filosofía de trabajo en las áreas de Cultura y Personas, y mi sensación de
que ya se ha escrito mucho acerca de los temas sobre los
que yo podía aportar. Después de todo, ¿qué idea inno-
vadora podía aportar yo que no hubieran divulgado ya
gurús, investigadores y escritores profesionales? La respuesta de Jordi fue tan breve como contundente: «Con
ese criterio —me dijo— después de *Romeo y Julieta* ya no
se hubieran escrito más historias de amor». La invita-
ción a plasmar mi mirada personal sobre la gestión del
talento y la cultura organizativa estaba clara.

Sin embargo, algo en mí se resistía a escribir «más de
lo mismo». Alguna vez escuché que un escritor escribe
el libro que necesita leer. Si esto es verdad, entonces creo
que lo que yo necesitaba era ordenar y destilar mis ideas
acerca de la cultura organizativa, de cómo se construye
y de cómo se puede evidenciar esa cultura. Escribir estas
páginas han sido un ejercicio de hilvanar y resignificar
mis experiencias profesionales a la luz de lo que mis años
de práctica profesional en compañías multinacionales
me han enseñado.

Digo resignificar porque muchas de las experiencias
que en mis años de juventud viví desde diferentes roles
profesionales, al cabo de los años, he tenido la oportu-

nidad de volver a vivirlas, pero esta vez en otros roles, siendo yo quien participaba en la definición de políticas y tomaba decisiones que impactaban en la cultura organizativa (si bien es cierto que el hecho de haber trabajado durante toda mi carrera en el área de recursos humanos contribuyó de manera clara a que mi punto de vista integrara siempre la doble perspectiva de *empleado* y *empresa*).

Hoy, después de todos estos años, reconozco que he tenido la suerte de trabajar en compañías con culturas organizacionales con un claro componente humanista, en las que siempre las personas estaban en el centro de las decisiones. Soy consciente de que este no es siempre el caso, por mucho que hayamos avanzado en los últimos años.

Agradezco enormemente a los mentores y líderes con los que me formé, por haberme nutrido con sus enseñanzas, que hoy puedo reflejar en las políticas y decisiones que tengo la responsabilidad de gestionar.

Lo dicho. Escribir estas páginas ha significado un viaje al pasado y poner en orden experiencias y conceptos. Comencé mi carrera profesional hace más de treinta años, a lo largo de los cuales he trabajado en diversas compañías multinacionales, en diferentes geografías, en equipos tanto de ámbito local como regional, en entornos de trabajo tanto diversos como homogéneos, y en culturas organizativas, tanto vanguardistas como tradicionales. Todas esas experiencias, sazonadas con mis valores personales, han ido conformando mi filosofía de trabajo, que es la que hoy comparto en este libro breve, sin pretensiones, en el que he volcado no sólo esa filosofía de trabajo, sino también, en cierta forma, mi filosofía de vida.

Espero que sea tan ilustradora para vosotros al leerla como lo ha sido para mí en el momento de escribirla[1].

1. Si bien he intentado en todo momento utilizar un lenguaje neutro desde la perspectiva de género, cuando me refiero a colectivos que incluyen ambos sexos utilizo la tercera persona del plural en masculino. Así también, en ocasiones utilizo indistintamente el masculino singular o el femenino singular para casos genéricos.

1. Con los cinco sentidos: Afinar los sentidos para percibir la cultura

Muchas veces cuando hablamos de cultura organizativa, de cultura empresarial, puede dar la sensación de que estamos hablando de algo etéreo, de conceptos abstractos. Nada más lejos de la realidad. La cultura empresarial es algo corpóreo: se puede tocar, se puede oír, se puede ver, en suma, se puede sentir. Y cuando decimos que una empresa quiere hacer una transformación cultural, es porque quiere ver, oír y tocar cosas diferentes en su día a día.

Pero entonces, ¿realmente existe la cultura organizacional? Sí. Definitivamente, sí. No se puede no tener cultura organizacional. De la misma forma que no se puede no comunicar. Todo lo que hacemos –o dejamos de hacer– constituye la cultura de la compañía. Y si, además, lo comunicamos, el efecto se potencia. Porque la cultura se percibe, aunque no seamos conscientes de ello. Todos la perciben y si la organización no la explicita, lo hará «radio pasillo» y se escucharán anécdotas, se crearán apodos, se acuñarán frases que describirán cómo se hacen las cosas y que serán el fiel reflejo de los valores organizacionales.

El tacto, la vista, el oído

> «Porque el silencio es algo que el oído
> puede percibir. Lo he descubierto».
> HARUKI MURAKAMI. *Kafka en la orilla*

La cultura se puede tocar. Así de simple. Con nuestras propias manos. Porque una puerta, por ejemplo, es cultura. Si la puerta del despacho de presidencia está abierta o cerrada, eso nos habla de la cultura que hay en esa empresa.

Un despacho es una forma de cultura, porque un despacho nos está diciendo que en esa determinada empresa, una determinada jerarquía tiene acceso a un espacio privativo y, en consecuencia, nos habla de una cultura donde los rangos tienen un gran peso. Contrariamente, una puerta abierta invita a entrar. Nos habla de una cultura donde la persona que ocupa ese despacho es accesible, cercana, transparente. En cambio, si esa puerta la encontramos en general cerrada, o más aún, si para llegar al despacho de esa presidencia o vicepresidencia se accede a través de otro despacho en el que hay un asistente que filtra o gestiona las visitas, percibimos un nivel diferente de accesibilidad. Una puerta es sólo un ejemplo. Podemos encontrar muchos objetos en nuestro día a día en la empresa que nos hablan de la cultura.

Si hay *offices* donde las personas puedan prepararse un café o comer un yogur, ya podemos intuir ciertos rasgos culturales. Si en esos *offices* hay además productos que provee la empresa —fruta, cápsulas de café, etc.—, veremos otros rasgos culturales, como la preocupación por el bienestar de las personas que trabajan allí. Y si, además, en esos mismos espacios vemos una tarta de cumpleaños —porque alguien está festejándolo con sus compañeros de trabajo— o vemos una pizarra de corcho con recomendaciones, avisos de salidas para el fin de semana o fotos divertidas de las personas del equipo, de los *teambuildings* u otras ocasiones, estaremos viendo más rasgos de esa cultura. Las papeleras y contenedores para reciclar nos hablarán de una cultura en la que la sostenibilidad es relevante. Si, por ejemplo, cualquier persona puede utilizar una silla ergonómica, la cultura de la empresa nos estará indicando que allí se valora la salud física de las personas.

Una corbata es cultura: el *dress code* de una empresa también nos habla de qué valores y de qué comportamientos veremos en sus integrantes, si bien es cierto que condicionado también por el contexto social. Porque la ropa que usamos habilita o incluso invita a tener determinados comportamientos, a realizar determinadas actividades. ¿No es cierto que para hacer un determinado deporte utilizamos una indumentaria específica? Eso es debido a que está diseñada para facilitar determinados movimientos y no otros: el contacto con determinados elementos y el uso de cierta equipación.

De la misma forma, es poco frecuente que, en un entorno relajado y de confianza en el que no tenemos que pensar demasiado lo que decimos o hacemos, utilicemos corbata. De hecho, si después de salir de la oficina, donde usamos corbata, vamos a tomar algo, es muy probable que uno de los primeros gestos que hagamos sea el de aflojárnosla, porque querremos empezar a tener comportamientos diferentes en ese entorno más desenfadado.

Cuando una empresa decide que el *dress code* sea de una manera u otra, está indicando qué tipo de comportamientos, qué actitudes quiere ver en su día a día y cuáles no: espontaneidad, transparencia, rigidez, formalidad, creatividad, cautela, confianza, etc. En consecuencia, podemos asociar cada uno de estos valores a determinados *dress codes* que a su vez estarán dando forma a la cultura de la empresa. Como veníamos diciendo, el contexto social es muy relevante en este tema. Creo que el matiz está en que la organización perciba los cambios que ocurren en la sociedad y vaya actualizando sus políticas a fin de seguir transmitiendo y promoviendo los valores que quiere comunicar.

La lista de lo que podemos ver y tocar en un espacio de trabajo es muy larga: si vemos salas de reuniones o despachos con paredes de cristal, probablemente estaremos en una empresa con una cultura donde se valora la transparencia. Si, por ejemplo, vemos mesas sin papeles, es muy posible que se valore la digitalización y la seguridad, en este caso, de la información.

Más adelante hablaremos de la diversidad, pero permitidme hacer un apunte aquí: la accesibilidad de un espacio de trabajo a personas con diversidad funcional es un tema clave para que la inclusión de dicha diversidad sea efectiva. Por lo tanto, un diseño accesible que permita, sin ir más lejos, la libre circulación de una silla de ruedas estará enseñándonos que en ese sitio se valora la diversidad. Ciertamente, hay muchísimos elementos que promueven la accesibilidad de un edificio.

Cito la silla de ruedas por ser probablemente el más frecuente y conocido. Sin embargo, hace poco, cuando realizábamos el estudio de accesibilidad del edificio, supe de un elemento que me llamó la atención: un espejo en un ascensor. Sí, pero no a la altura de nuestras cabezas, para mirarnos y ver si vamos bien peinados, sino un espejo a la altura aproximadamente de un metro y veinte centímetros.

Este espejo tiene la función de ayudar a las personas que suban al ascensor en sillas de ruedas y que no pueden girar su silla una vez dentro por algún motivo. En este caso, necesitarán servirse de un espejo retrovisor al salir para maniobrar con mayor seguridad.

Un grito es cultura. Es sorprendente la cantidad de empresas en las que aún es normal escuchar gritos en las salas de reuniones o en los despachos. Esos gritos nos hablan de los valores de esa cultura empresarial. Falta de respeto, miedo, discriminación, autoritarismo, supresión emocional o inseguridad psicológica. Igualmente, el silencio puede ser indicativo de lo mismo.

Recuerdo una anécdota que compartió conmigo una amiga y excompañera de trabajo: hacía pocos meses se había incorporado a una importante empresa y su rol implicaba trabajar bastante tiempo con el presidente. Al poco tiempo de entrar empezó a recibir comentarios del tipo «¡prepárate!» y cosas por el estilo. La cultura organizativa no se hacía esperar y ya se anunciaba en los comentarios informales... Pasó poco tiempo antes de que en una reunión de trabajo el presidente le gritara a mi amiga, faltándole el respeto. Al salir de la reunión, ella presentó su dimisión. La directora de Personas le pidió que se quedara, que reconsiderara su decisión. Mi amiga dijo que accedería, pero con una condición: que le prometiera que lo que había sucedido no volvería a ocurrir. La directora de Personas bajó la mirada y le dijo: «No puedo prometerte eso. Él es así». Tenían un problema. Mi amiga se fue ese mismo día y tardó muy poco en encontrar un proyecto profesional en una empresa que valorase su talento.

Por el contrario, cuando lo que escuchamos al entrar en un entorno de trabajo es el sonido de voces hablando amistosamente, intercambiando ideas, sin pisarse, sin tono de imposición; cuando escuchamos risas o incluso carcajadas, cuando escuchamos preguntas y los silencios dan lugar a respuestas, estamos oyendo una cultura donde la confianza, el diálogo y el respeto por las personas son importantes. Si prestamos atención, podremos incluso escuchar si en esas conversaciones hay ironía o si hay un interés genuino por las respuestas, si las personas confían entre ellas o si hablan con cautela.

Tanto si hablamos de tocar y de ver como de oír, también hay que saber darse cuenta de lo que no se ve, de lo que no se oye y de lo que no podemos tocar.

Hace muchos años, a las pocas semanas de haber llegado a mi primera posición en España, vino de visita a las oficinas el vicepresidente de Recursos Humanos para la región de Europa. Era la primera vez que nos veíamos y recuerdo que en esa ocasión me dio un consejo que aún hoy sigo aplicando. Me sugirió que escribiera, diariamente, las cosas que me llamaban la atención: «Dentro de poco —me dijo— tu mirada se acostumbrará y las cosas empezarán a parecerte normales. Pero estas primeras semanas todavía te llaman la atención. Escríbelas para no olvidarte de esas cosas, ya sea que te llamen la atención por ser positivas o por ser negativas. En cualquier caso, te proveerán de material en el que centrarte».

El caso es que es importante no perder la sensibilidad de «ver con ojos de primera vez». Actualmente, suelo reunirme con las personas que se han incorporado a la compañía en los últimos cuatro o cinco meses, sin agenda predefinida, para hablar de lo que ellos quieran. Pero la pregunta que nunca dejo de hacer es: ¿qué os ha llamado la atención?, ¿qué cosas han sido diferentes a lo que esperabais encontrar aquí antes de incorporaros? Las respuestas siempre son muy ilustrativas y me ayudan a poner en valor las cosas buenas de nuestra cultura organizativa y que, tal vez, damos por sentadas. Al mismo tiempo, permiten focalizarnos en aquellas cosas que no funcionan como queremos y a las que ya estamos acostumbrados. Esta simple práctica me ayuda a vislumbrar lo que no se ve y a escuchar lo que no se oye, porque mis ojos y mis oídos ya están acostumbrados.

Recientemente hablé con un colaborador homosexual sobre cómo enfocar el lanzamiento de un programa de diversidad e inclusión. Me dijo que lo que él había valorado muy positivamente al incorporarse a la compañía era la ausencia de bromas y expresiones en referencia a la identidad sexual. «En otras compañías en las que he trabajado —me dijo— lamentablemente son muy habituales».

Esto es un claro ejemplo de oír lo que no se dice. En la mayoría de casos, se trata de afinar los sentidos, de captar sutilezas, de percibir la coherencia de lo que vemos, de lo que escuchamos o de lo que tocamos. Todo eso en su conjunto nos transmite la cultura de un entorno profesional, y todos sabemos que nos comunican mucha más credibilidad el lenguaje corporal o los sentidos que las palabras. Podemos tener cuadros en las paredes que hablen de una cultura determinada, podemos hacer publicaciones muy grandilocuentes en las redes sociales en las que expliquemos o comuniquemos lo maravillosa que es nuestra cultura empresarial, pero la realidad es muy tozuda: las personas creemos más al *gut feeling* que a lo que podamos leer en todos esos sitios. Hay muchos estudios que nos dicen que el 93 % de la comunicación es no verbal y que sólo en el 7 % está constituida por palabras. Los mismos estudios aseguran que a las personas les damos más crédito por su comunicación no verbal que por sus palabras.

Culturas que ayudan a fluir

Una de las dos palancas críticas de la gestión de personas es el reclutamiento (la otra es el desarrollo del liderazgo, pero de eso ya hablaremos luego), puesto que todo lo que no hagamos bien en el proceso de seleccionar a las personas que integrarán la compañía luego se transformará en costes, conflictos y frustraciones. El proceso de selección debe incluir no sólo una valoración de las habilidades técnicas y de gestión de la persona, así como su experiencia y su formación, sino también un análisis de sus valores. Por muy bien preparada que esté la persona, por muy excelente que sea su expediente académico o su trayectoria profesional, como no comparta los valores de la empresa, el mismo día que se incorpore comenzará un calvario tan desagradable para la persona como frustrante para la compañía.

¿Qué valoramos aquí?

A veces, cuando hablamos de valores, se entiende que hablamos de los valores universales, que compartimos en nuestra cultura occidental. Pero en el contexto de una cultura organizativa y del desarrollo personal, el concepto de valor toma otro significado: aquí nos referimos a lo que valoramos, es decir, ¿a qué le damos importancia?, ¿cuáles son los *drivers* detrás de nuestras decisiones? Y es que detrás de cada decisión hay un valor que hace que la decisión sea esa y no otra. Pongamos algunos ejemplos:

- ¿Queremos que nuestra cultura premie la innovación? Tendremos que aceptar que innovando se pueden cometer errores.
- ¿Queremos *premiar* la fiabilidad y exactitud? Tendremos que aceptar que tal vez no seremos muy ágiles como organización.
- ¿Queremos que nuestra cultura valore a las personas? Tendremos que apostar por políticas y hábitos que favorezcan la descentralización de la toma de decisiones, y por un estilo de liderazgo que fomente el desarrollo de las personas.

La lista de valores puede ser muy larga y las formas de ver esos valores reflejados en el día a día, muy variadas: confianza, responsabilidad, respeto, control, transparencia, diversidad, creatividad, diseño, seguridad, disciplina, etc. ¿Qué valores queremos honrar? ¿Qué estamos dispuestos a hacer para conseguirlo?

Este capítulo nos lleva a la siguiente reflexión: trabajar en una compañía con la que compartimos cultura y valores nos permite fluir, nos invita a ser nosotros mismos como personas y como profesionales, a expresarnos sin miedos, sin la necesidad de forzar un «personaje» que no es auténtico. En definitiva, nos ayuda a crecer y a nutrir a su vez esa cultura organizativa.

2. El sentido del equilibrio: La esquiva balanza de la conciliación

«¿Por qué necesitamos experimentar un trauma para liberarnos? ¿Es necesario perder a alguien para admitir que un abrazo por las noches vale más que un cambio de carrera? ¿Hacía falta pasar por ese suceso funesto para llegar a esas conclusiones? ¿No podías simplemente cerrar los ojos y pensar?».

GABRIELE ROMAGNOLI. *Viajar ligero*

«—A veces me pregunto qué estamos esperando desde hace tanto tiempo.
[Silencio]
—Que sea demasiado tarde».

ALESSANDRO BARICCO. *Océano Mar*

No concilia el que puede, sino el que quiere. Ya sé que esto suena mal y no quiero ser cínico. Dejad que me explique. Si una empresa no implementa políticas y medidas de conciliación, evidentemente las personas no podrán conciliar. Pero en el caso de que sí las implemente, en mi experiencia, concilian las personas que quieren. Es decir, la conciliación es un compromiso con uno mismo, con sus valores, con sus responsabilidades personales, profesionales y privadas. Es indudable que siempre tendremos trabajo pendiente, informes por redactar, presentaciones por preparar, correos por responder y reuniones a las que asistir. Y, al mismo tiempo, también tendremos momentos que compartir con nuestros hijos, experiencias que vivir con nuestra pareja, libros por leer, deportes por practicar, paseos en familia por el bosque que nos están esperando o escapadas de fin de semana con amigos. Ciertamente, uno elige cómo invertir su tiempo. Y digo invertir, porque una de las metáforas que uso cuando me preguntan cómo concilio es la del presupuesto, ya que es un concepto con el que la mayoría de las personas, en un entorno empresarial, están familiarizadas.

Un presupuesto se divide en varias partidas, cada una destinada a costear determinados proyectos: pago de servicios, compra de materias primas, etc. Si uno invierte o gasta más dinero del que tenía previsto en un determinado servicio, simplemente deberá recortar sus expectativas con respecto al resto; deberá negociar otros precios, bajar la calidad o, simplemente, dejar de hacer. Con la conciliación es igual. Todos tenemos veinticuatro horas y debemos decidir cómo queremos utilizar ese presupuesto de tiempo; uno debe gestionarlo sabiendo que el tiempo que dedique de más a una de las partidas será en detrimento de las otras. Si decidimos utilizar nueve horas diarias para el trabajo, pero en la práctica le dedicamos diez, debemos ser conscientes de que estamos quitando cinco horas semanales a las otras partidas: amigos, familia, deporte o *hobbies*, entre otras cosas.

Pero también es verdad que hay momentos en los que hay que poner el foco en el trabajo. Para ello dejadme que eche mano de otra metáfora que escuché hace unos años en una conferencia que me parece muy ilustrativa y que yo llamo «La banda de jazz»: pongamos que una banda de jazz está compuesta por un saxo, un piano, un bajo y un trombón. Todos suenan entremezclados, cada uno en el momento justo, con las notas pertinentes, y el jazz flota en el ambiente. De pronto, el piano tiene un momento de protagonismo y los otros instrumentos sólo se limitan a marcar el ritmo, de tal manera que casi se podría decir que desaparecen de la escena. Sin duda, sabemos que están allí, pero es el momento del solo de piano. Al cabo de unos minutos, todos vuelven a sonar juntos, en armonía, y el jazz vuelve a llenar la sala. Y así puede suceder con el resto de los instrumentos. Si se diera el caso de que el piano siguiera sonando sin dejar sitio a los demás, diríamos: «¡Pero esto no es jazz… es un concierto de piano!» Y es que hay momentos en los que tenemos que priorizar nuestras actividades y elecciones, ya sea el trabajo, la salud, la pareja, los *hobbies*, etc. Pero si no queremos que «nuestra música» sea sólo un concierto de piano, tenemos que ser cuidadosos y asegurarnos de que ese momento no dure para siempre, que el resto de los instrumentos vuelva a tener su espacio. Seamos responsables con nosotros mismos y con nuestro entorno. Y, sobre todo, seamos consecuentes.

Esto me lleva a introducir otro concepto, que es el del marco temporal y que explica muy bien Nigel Marsh en la charla TED que dio en Sídney en el año 2010. En ella expresa la necesidad de pactar un marco temporal, es decir, una pauta para organizar nuestro tiempo y jerarquizar nuestras prioridades: tener tiempo de calidad con la pareja, ayudar a los hijos con sus tareas, cenar con amigos, trabajar, hacer deporte, dedicar tiempo a los *hobbies* y dormir. Organizarnos dentro de este marco temporal y según estas pautas nos permitirá, por ejemplo, que podamos hacer deporte dos veces por semana, cenar una vez con los amigos, dedicar los fines de semana a pasar tiempo de calidad con la familia, pasar una tarde a la semana con nuestros hijos, hacer una escapada cada dos o tres meses y una vez al año viajar allá donde queramos.

Yo siempre he llevado una balanza conmigo, desde que comencé mi carrera profesional. Una balanza imaginaria pero muy real. En un platillo pongo todo lo que yo aporto a la relación con la empresa y en el otro, todo lo que siento que la empresa me aporta. Siempre he procurado que los platillos estuvieran al mismo nivel, que la relación fuera recíproca, porque si a medio o largo plazo los platillos no están equilibrados, la relación se resiente y se desgasta. Si mi platillo es más pesado, en algún momento tarde o temprano llega el *burnout* y las ganas de dejar la relación. Si el platillo de la empresa es el más pesado, en algún momento llegan las conversaciones sobre la falta de compromiso, el bajo desempeño y una posible desvinculación. Se trata de una balanza subjetiva, claro está, pero en las ocasiones en las que he tenido alguna sospecha de que la relación no iba bien, generé conversaciones que me ayudaron a calibrar la subjetividad y corregir el rumbo.

Conciliación y corresponsabilidad

Los roles sociales han cambiado mucho en los últimos años y ya no es extraño ver hombres asumiendo responsabilidades del hogar que, tradicionalmente, eran roles asignados a las mujeres (dedicar tiempo al cuidado de los niños, cocinar, etc.). Sin embargo, esto está lejos de ser la norma y mucho menos de estar consolidado. La cultura es tozuda y no es fácil de cambiar, pero creo que vamos por el buen camino.

En este sentido, las empresas –y, especialmente, los directivos– tenemos la responsabilidad de contribuir para que esos nuevos roles se sigan afianzando y consolidando, porque contribuyen directamente a la conciliación familiar y al desarrollo del talento. Una madre que después de la jornada laboral puede dedicar tiempo para formarse, para hacer deporte o para practicar un *hobby*, porque su pareja asume la corresponsabilidad del hogar, seguramente tendrá más oportunidades de desarrollo profesional y personal que si tuviera que asumir toda la responsabilidad del hogar.

Fomentar que los hombres hagan uso completo de la baja por paternidad es también una forma de promover dicha corresponsabilidad en el hogar y de generar equidad interna en términos de velocidad y oportunidades de carrera profesional. Sin olvidar el efecto multiplicador que esto tiene, ya sea en el entorno familiar, en el círculo de amigos, etc. Esta es otra dimensión de la responsabilidad social de las empresas: generar y promover modelos sociales y familiares responsables, diversos y equitativos.

Conciliar para enriquecer el talento

«La mente interior estaba paralizada porque la mente superficial estaba siempre deslomándose».
VIRGINIA WOOLF. *En la torre inclinada*

La conciliación tiene un impacto muy importante en el desarrollo del talento y en la capacidad de innovar. Se trata de un impacto intangible, pero no por eso menos importante.

Si la rutina de una persona consiste en trabajar doce horas diarias, llegar a su casa exhausta, apenas tener tiempo para ver a su familia, dormir y volver a trabajar, es evidente que no se trata de una rutina sostenible, y esa persona (o alguna de «las pelotitas que intenta sostener en el aire») acabará rompiéndose. Pero es que, además, los pensamientos, ideas, conceptos y sensaciones que esa persona tiene día tras día son exactamente los mismos, porque no tiene tiempo ni espacios para recibir estímulos diferentes. A largo plazo, eso acaba empobreciendo la diversidad de opiniones, el pensamiento divergente, las diferentes perspectivas con las que abordar proyectos en la empresa y, en consecuencia, el talento se empobrece.

Por el contrario, dedicar parte del día a recibir nuevos estímulos enriquece el mundo interior de esa persona, motivándola y repercutiendo positivamente en su salud, en su entorno personal y también en el laboral.

Dos elementos clave de la conciliación

Pero regresando al mundo de la empresa, ¿qué políticas puede implementar una organización para que las personas puedan conciliar? Evidentemente, tenemos que nombrar la flexibilidad horaria, la desconexión digital y el teletrabajo, siempre que la actividad lo permita (por ejemplo, un enfermero de urgencias no puede teletrabajar, como tampoco puede hacerlo un cocinero), porque se trata de herramientas básicas que facilitan la conectividad, para que las personas puedan organizar su tiempo con mayor flexibilidad y autonomía, de tal forma que puedan cumplir con las diferentes responsabilidades –personales y familiares– que tengan en cada momento.

Sin embargo, los dos ingredientes que, desde mi punto de vista, posibilitan una mejor conciliación son la confianza y la responsabilidad entre la empresa y el trabajador. La confianza y la responsabilidad son dos caras de una misma moneda, y de la misma manera que se alimentan la una a la otra, también se destruyen. Si confío en una persona de mi equipo, esta persona asumirá la responsabilidad de ser depositaria de mi confianza y cumplirá con su trabajo o me hará saber que no podrá hacerlo por el motivo que sea, para que podamos, juntos, buscar alternativas. Si una persona de mi equipo confía en mí, sentirá la libertad de compartir sus opiniones y sus necesidades de manera genuina, para que, a partir de allí, yo asuma mi responsabilidad como *manager*.

Decía al inicio del capítulo que si una empresa no implementa políticas y medidas de conciliación, evidentemente las personas no podrán conciliar. No me refería aquí a los horarios flexibles y al teletrabajo, sino a la confianza y la responsabilidad. Si la empresa confía en la responsabilidad de las personas que emplea –y cuando digo «la empresa» me refiero al *management*–, ellas podrán conciliar, es decir, podrán de manera efectiva gestionar su tiempo con autonomía para cumplir con sus responsabilidades profesionales y personales. Eso es conciliación y se traduce en una mejor calidad de vida. Y si la empresa –el *management*, «los de arriba»– no confía en las personas de manera genuina, tal vez las personas deberían plantearse si esa es la empresa donde quieren seguir desarrollando su carrera profesional.

En los párrafos anteriores destaqué que la empresa «son» las personas que toman decisiones. Es una obviedad, pero creo importante enfatizarlo, porque muchas veces he visto cómo se recurre a frases impersonales para evitar dar explicaciones o revisar decisiones. «La empresa ha decidido». Sí, pero son las personas de carne y hueso quienes toman decisiones y no un ente abstracto. La transparencia en el gobierno de una empresa (quién decide qué) es otro elemento crítico en la cultura de una organización.

Sobre el teletrabajo

> «A mi hijo, al que tanto había abrazado, ya sólo lo veía a través de una pantalla. Nuestro cariño se estaba haciendo virtual».
>
> DAVID FOENKINOS. *Estoy mucho mejor*

Antes comentaba que el teletrabajo no siempre es factible y ponía el ejemplo de un enfermero de urgencias. Quiero añadir que, incluso en los casos en los que la naturaleza de la actividad permita el teletrabajo, personalmente creo que la presencialidad no debe perderse. Compartir espacios de trabajo, convivir varios días cada semana y hablar mirándonos a los ojos sin intermediación de una pantalla crea vínculos humanos, vínculos emocionales, de confianza, que son imprescindibles para la creación de una cultura empresarial y de una identidad de grupo. El ser humano es un ser social, vivimos en comunidades, creamos vínculos de confianza basándonos en compartir momentos y vivencias. Miles de años de evolución no se cambian en un par de décadas por el uso de una tecnología. La evolución de nuestra biología es infinitamente más lenta que la de la tecnología que hemos creado.

Estas comunidades son espacios de confianza que facilitan y promueven comportamientos y emociones que reafirman la identidad y las capacidades individuales. Espacios de seguridad psicológica que permiten el desarrollo de los individuos, que permiten la expresión genuina de la individualidad y la expresión de las emociones. A mi parecer, es responsabilidad de las empresas ofrecer esos espacios a las personas, brindar la posibilidad de pertenecer a un grupo humano donde integrarse y vincularse de manera genuina. Estas prácticas podrían influir en la reducción de las enfermedades psicológicas que, en nuestro presente, cobran cada vez más protagonismo en los indicadores de absentismo, así como otras dolencias físicas íntimamente relacionadas con el estrés. El aislamiento emocional y la desconexión social que puede implicar un modelo puro de teletrabajo no hacen sino contribuir y agravar esa situación.

Tiempo de calidad

> «... no se puede medir el tiempo por días, como el dinero por centavos o pesos, porque los pesos son todos iguales y cada día es distinto, y tal vez cada hora».
>
> JORGE LUIS BORGES. *Juan Muraña*

En algunas conversaciones sobre el tiempo que pasamos trabajando me han preguntado si, en mi opinión, diría que paso «tiempo de calidad» en el trabajo. Definitivamente, sí, pero eso no es algo que me pase o que me suceda. Es algo que yo proactivamente genero, algo que procuro tener.

Por «tiempo de calidad» entiendo aquellos momentos en los que tengo conversaciones auténticas sobre cosas que son relevantes para uno mismo y para los demás, momentos en los que reflexiono junto con otras personas sobre decisiones o maneras de hacer las cosas, ahondando en los valores que hay detrás de esas decisiones, momentos en los que comparto emociones y en los que generamos una comunicación personal que nos une más aún.

Poder experimentar este tiempo de calidad requiere desarrollar una escucha activa, estar presente en esas conversaciones, vivir en el aquí y ahora con esas otras personas con quienes estoy compartiendo y generando vivencias. Cuando eso sucede, sentimos que conectamos. Mientras escribo me viene a la mente esta frase de Maya Angelou: «La gente olvidará lo que dijiste, olvidará lo que hiciste, pero nunca olvidará cómo la hiciste sentir».

De eso se trata, de hacer sentir a las otras personas que, en esos momentos, son lo más importante. Y no estoy hablando de conversaciones sobre temas personales, sino de integrar esa conexión, esas emociones, en las conversaciones profesionales. Hablar, por ejemplo, de por qué para mí es importante que una tarea determinada se lleve a cabo, de cómo está funcionando nuestra colaboración profesional, de qué aspectos de la dinámica de trabajo del equipo queremos mantener y cuáles sentimos que necesitamos cambiar para obtener mejores resultados y su importancia. Estas son las preguntas que podemos abordar en conversaciones profesionales y que harán que el impacto en nosotros y en las otras personas sea transformacional.

Evidentemente, no todas las ocho horas laborales son «tiempo de calidad». También hay —y a veces muchas—

reuniones aburridas y discusiones estériles, presentaciones e informes de rutina, etc. Pero lo que recuerdo al final del día, cuando repaso todo lo que ha sucedido en mi jornada, los momentos que destaco, son aquellos que dejaron una huella en mí.

3. El sentido de la equidad:
En busca de la paridad de género

«Queredlas cual las hacéis
o hacedlas cual las buscáis».

SOR JUANA INÉS DE LA CRUZ[2]

No hay fórmulas mágicas. Ahora muchas empresas tienen prisas por reducir la brecha salarial y mostrar porcentajes de dos dígitos de mujeres en puestos directivos. Pero esto no se consigue de la noche a la mañana. Es necesario crear una estrategia de gestión del talento que tenga como uno de sus objetivos el desarrollo de la paridad en la gestión de personas. Como con todo objetivo estra-

2. Permitidme aquí una aclaración sobre la cita de sor Juana Inés de la Cruz. Para mí, esta cita es una clara y contundente llamada de atención a la coherencia de nuestro sistema de valores, y en ningún caso es una muestra de empatía a la posible interpretación de cosificación de la mujer que se podría leer en esta frase.

tégico, tenemos que poner la mirada en el futuro, fijar metas ambiciosas y operativizar ese objetivo en el día a día, para que, con cada decisión que tomemos, nos acerquemos un poco más a esas metas, con coherencia y constancia. Pero ¿por dónde empezar? Podemos empezar por cualquier política de gestión de talento, ya que todas están —o deberían estar— atravesadas por la perspectiva de género. Empecemos por el proceso de selección. Si queremos que haya mujeres en la empresa (u hombres, en el caso en que los hombres estén subrepresentados), habrá que contratarlas. Entonces tenemos que asegurarnos que en cada proceso de reclutamiento haya, al menos, una candidata. Seguramente, habréis leído esos estudios que dicen que las mujeres, por lo menos en Occidente, aplican a posiciones vacantes cuando tienen una seguridad bastante alta de que cumplen con los requisitos del puesto. En cambio, los hombres se atreven a hacerlo con un componente de riesgo bastante alto. Esto es así porque culturalmente hemos formado a las niñas para que gestionen la vulnerabilidad a través del control (preparación, formación) y a los niños, ocultándola, disfrazándola de autoconfianza (y arriesgando más). Y, lamentablemente, muchos *recruiters* confunden la autoconfianza con ser competente.

En cualquier caso, si nos aseguramos de tener al menos una candidata para la vacante, hay probabilidades de que la mujer sea mejor candidata que los hombres y, en consecuencia, estaremos tomando una buena decisión para la empresa. También es interesante, por no decir necesario, que en cada proceso haya al menos una mujer que entreviste a las personas que se postulen, para evitar o minimizar sesgos de género. Y para rizar el rizo, si podemos formar a todos los entrevistadores en sesgos inconscientes y en cómo integrar la perspectiva de género en una entrevista, tendremos un proceso de selección bastante robusto en lo que a la igualdad de género se refiere.

Estoy dando por supuesto, pero no quiero dejar de decirlo explícitamente, que los procesos de selección deben incluir a varios entrevistadores, que tomen la decisión de forma mancomunada, a fin de evitar contrataciones hechas por capricho de nadie. Todos conocemos seguramente al típico jefe que sólo quiere en su equipo personas que se le parezcan… Al mismo tiempo, también tenemos que analizar quiénes reciben formación en la empresa. Seguramente se ofrece a todas las personas, pero no está de más que nos aseguremos de que el talento femenino pueda asistir —y asista— a las formaciones, especialmente a las de competencias de liderazgo y de gestión, porque serán estas competencias las que las ayuden a ascender dentro de la empresa.

Por lo que a la formación se refiere, no tengamos miedo incluso a priorizar la presencia de mujeres en las aulas, a que el talento femenino esté sobreponderado. Antes comentaba que es importante formar en sesgos inconscientes. Esto es precisamente para tomar conciencia de que los tenemos (porque los tenemos, nos guste o no) y de qué maneras podemos neutralizarlos en los diferentes procesos de gestión de personas, no solamente en procesos de selección, sino también en procesos de evaluación del desempeño, en programas de desarrollo del liderazgo o en comunicación, entre otros. De este modo, cuando llega el momento de la evaluación del desempeño de los equipos, también podemos aplicar la perspectiva de género, analizando cómo estamos evaluando el desempeño por género. Si miramos las evaluaciones de hombres y mujeres, ¿encontramos resultados similares o evaluamos a unos y otras de manera notablemente más estricta o laxa? Si es que sí, ¿hay motivos objetivos para ello o estamos frente a otra evidencia de sesgos inconscientes?

Si también valoramos el potencial de desarrollo, ¿la

proporción de hombres y mujeres identificados como con potencial es similar a la proporción de hombres y mujeres en la compañía o estamos identificando proporcionalmente más hombres como talento con potencial? Si se trata de este último caso, debemos revisar nuestros criterios de identificación de potencial. ¿Se trata de una escasez genuina de mujeres con potencial o de un tema de sesgos? Estos riesgos están especialmente presentes cuando estamos empezando a trabajar estos conceptos en la empresa, motivo por el cual podemos llegar a valorar mejor aquello que se parece más a nosotros. Si el *management* de la empresa es, además, de la vieja escuela, mayores riesgos tendremos.

Si estamos hablando de una empresa que tiene un plan de sucesión[3], esta es otra estupenda oportunidad para incorporar la mirada de género revisando toda la cantera de talento femenino para asegurarnos que no estamos dejando de incluir a ninguna candidata potencial a ocupar esas posiciones críticas de la compañía. Una buena práctica o indicador sería, por ejemplo, as-

---

3. Más adelante hablaremos de los planes de sucesión, pero se trata de identificar talentos que podrían ocupar determinadas posiciones en el caso de que estas quedaran vacantes. Un plan de contingencia enfocado a posiciones críticas.

pirar a que para cada posición crítica –las incluidas en el ejercicio de plan de sucesión– la organización tenga al menos una candidata mujer. De esta manera, cuando llegue el momento de cubrir alguna de esas vacantes y recurramos al talento identificado en el plan de sucesión, si hemos hecho los deberes, es probable que ese talento tenga las mismas oportunidades de ser femenino que masculino.

Permitidme un breve comentario al respecto del tema de la brecha salarial que ya habíamos abordado líneas más arriba. Contrariamente a lo que piensan las personas que tal vez no están muy vinculadas a este tema, la brecha salarial no es que las empresas pagan menos a las mujeres que a los hombres, sino que el promedio de las remuneraciones de todas las mujeres de la empresa es inferior al promedio de las remuneraciones de todos los hombres de la empresa. En consecuencia, cuantas más mujeres tenga una empresa en la parte alta de la pirámide (con remuneraciones más altas), menor será la brecha salarial.

Hay un *insight* referente al rol social de la mujer en nuestra sociedad que es digno de mencionar y que vale la pena incorporarlo en el ejercicio del plan de sucesión. La edad en la que una persona suele dar el mayor empuje a su carrera profesional (o al menos el primer empuje) suele ser entre los veinticinco y los cuarenta años. Y, precisamente, esa es la edad en que, en nuestra sociedad, la mujer dedica mayor tiempo al rol de madre. Indudablemente, este es uno de los factores que juegan en contra del desarrollo profesional de la mujer en las organizaciones. En este sentido, las empresas poco pueden hacer a corto plazo para cambiar ese rol social, pero sí hay algo que pueden hacer en referencia a esto en el ejercicio de plan de sucesión: identificar talento femenino júnior. Es decir, centrarse en adquirir el talento femenino a partir de los veinte años y tenerlo en el radar. Puede ser que estos talentos no pasen por la fase de asumir el rol de madre que hemos comentado. Pero si ese fuera el caso, haber identificado ese talento *antes* nos permitirá que cuando esas mujeres decidan retomar sus carreras profesionales (una vez pasados los años críticos de maternidad), las tendremos identificadas para poder acelerar su reinserción en roles de responsabilidad. No estoy justificando con esto el rol social que culturalmente ha tenido la mujer, simplemente digo que habría que incorporar esa realidad en nuestra gestión del talento.

Otra pieza clave de la estrategia del desarrollo del

talento femenino tiene que ver con el *employer branding*. Hemos comenzado este capítulo hablando de *recruitment*, pero para que las candidatas quieran trabajar en la compañía tienen que saber que la compañía apuesta por el desarrollo del talento femenino. En este sentido, una apuesta interesante podría ser la creación de un programa de embajadoras, de mujeres líderes, que cuenten su experiencia profesional y que difundan los valores de la cultura empresarial y la estrategia de gestión del talento de la organización, tanto en las redes sociales como en conferencias, etc. Esto ayudará a construir una marca empleadora robusta, que atraerá más talento femenino. Si logramos hacer todo esto, habremos creado un círculo virtuoso.

Todo esto puede parecer muy teórico, pero es exactamente lo que hemos hecho en Volkswagen Group España Distribución desde el año 2015. Ese año, nuestro *management* estaba compuesto por un 75 % de hombres y un 25 % de mujeres. Hoy, nueve años después, fruto de haber implementado la estrategia de desarrollo del talento femenino y muchas de las acciones que he descrito en estas páginas, tenemos un *management* compuesto por el 37 % de mujeres y el 63 % de hombres, sin haber forzado absolutamente ninguna promoción. Decidimos no forzar nombramientos ni implementar un criterio de cuotas obligatorias, porque estábamos convencidos de que forzar el nombramiento de mujeres por el solo hecho de ser mujeres constituía una ofensa tanto para ellas como para los hombres, además de no ser la mejor decisión para la compañía. Entonces, confiamos en que aplicar estas prácticas que he descrito, a largo plazo, daría sus frutos, y así fue. No hay fórmulas mágicas. Sólo sentido común, coherencia y visión estratégica a largo plazo.

Pero es importante que no perdamos de vista por qué hacemos lo que hacemos: ¿porque está de moda?, ¿porque la ley lo exige? Puede haber muchos motivos, pero creo que hay dos que hacen que la igualdad de género sea realmente necesaria.

1. Si no entendemos el mercado, si no entendemos a nuestros clientes y consumidores, no podremos ofrecerles los productos y servicios que requieren. Según varios estudios, actualmente en nuestra sociedad la mujer toma directa o indirectamente el 80 % de las decisiones de compra[4]. Por esta razón, es imprescin-

4. Deloitte calcula que las mujeres son responsables del 89 % de las

dible que las organizaciones incorporemos la mirada femenina en todos nuestros procesos.

El segundo motivo, desde mi punto de vista, es el más relevante:

2. Sencillamente porque es lo correcto. Porque hacer lo contrario (no promover el desarrollo del talento femenino, en una sociedad en la que la presencia de la mujer está subrepresentada en la mayoría de los ámbitos de toma de decisiones y de poder) sería simplemente inaceptable. Porque no sabríamos cómo explicárselo a nuestras hijas, hermanas o cónyuges.

Sobre la subrepresentación

Permitidme aquí hacer un comentario sobre este tema. Más arriba mencionaba que tal vez sean los hombres los subrepresentados y en ese caso la política de igualdad de género deberá enfocarse en desarrollar hombres

decisiones de compra, Boston Consulting Group, el 80 %. Por su parte, Nielsen estima que en 2028 las mujeres influirán en el 75 % del gasto discrecional de todo el planeta. Forbes, 2021.

y no mujeres (esto de hablar de hombres o mujeres me resulta demasiado binario, pero ya me entendéis). Es importante discernir cuándo la subrepresentación está originada porque no hay acceso (que es lo que sucede generalmente cuando la subrepresentación es femenina) y cuándo la subrepresentación es porque el rol del que estemos hablando no tiene prestigio (que es lo que sucede en muchos casos cuando la subrepresentación es masculina).

Seguramente habréis notado que cuando una profesión o rol adquiere prestigio se masculiniza. A modo de ejemplo (seguro que hay excepciones que contradicen esto, pero confío en que el punto se entenderá): el territorio de la cocina en nuestra cultura ha sido tradicionalmente de la mujer, pero los grandes chefs son en general hombres. Podemos nombrar a los diseñadores de moda, a los estilistas de peluquería, entre otros. Pero el más relevante es, sin duda, el campo de la informática[5].

5. Hicks, M. (2018). *Programmed inequality*. Publ. The MIT Press.

4. Que te saquen a bailar[6]

6. El título de este capítulo es, obviamente, una referencia a la frase de Vernā Myers: «Diversidad es que te inviten a la fiesta; inclusión es que te saquen a bailar».

«Si todo el mundo piensa igual, es que alguien no está pensando».

GEORGE PATTON

Cuando hablamos de diversidad, hablamos de que un grupo humano que, si se ha ido desarrollando de manera similar a la sociedad en la que está inmerso, debería, en principio, estar integrado por una *combinación de perfiles* similar a la de dicha sociedad. Esta amalgama de personas tiene varias dimensiones, tantas como las que existan en la sociedad: el género, la nacionalidad o procedencia cultural, la fe o la religión, la etnia, las funcionalidades, la identidad sexual, la apariencia física, etc. La lista puede ser muy larga.

Pero si ese grupo humano o empresa tiene como objetivo una determinada actividad que implica, por ejem-

plo, unos estudios en concreto, es lógico que todos sus miembros tengan ciertos conocimientos. ¿Eso hace que esa empresa no sea diversa porque no contrata a personas que no tengan esos estudios? Definitivamente, no.

Cuando hablamos de compañías que abrazan la diversidad y la inclusión, hablamos de compañías que han hecho el ejercicio de diferenciar aquellas características que son imprescindibles para ser integrante de la empresa de aquellas que no lo son. En consecuencia, son muy selectivas en integrar en sus equipos personas que sí tienen las características imprescindibles y también a personas con características complementarias a fin de enriquecer lo máximo posible al equipo, porque entienden que un grupo diverso, que tiene la capacidad de analizar la realidad desde diferentes perspectivas y de pensar en soluciones *out of the box,* es sin duda un equipo más eficiente, y que tendrá mejores resultados que un equipo en el que todas las personas piensen igual. Es un poco de Perogrullo tener que explicar aún estos conceptos, pero lamentablemente todavía se escuchan algunas declaraciones que son una muestra clara de que no todos estamos viviendo la misma realidad.

En el capítulo anterior hablamos de la igualdad de género, que debería ser un tema ya sobradamente supe-

rado, pero lamentablemente la brecha salarial en España aún se sitúa por encima del 20 %. Esto evidencia que tenemos que seguir trabajando para que la diversidad y la inclusión sean una realidad en el mundo laboral, a pesar de que, como todo cambio cultural, requiere tiempo, aunque las generaciones más jóvenes, por suerte, ya tienen muchos menos sesgos que quienes peinamos canas.

Lo que a veces me resulta frustrante es escuchar a personas del colectivo dominante en Europa (es decir, hombre blanco, heterosexual y de cultura judeocristiana) hablando sin la menor consideración por la inclusión, sin ser conscientes de que todos, absolutamente todos, pertenecemos, en alguna dimensión de nuestras vidas, a una minoría: ya sea porque somos zurdos, porque somos migrantes, porque tenemos determinado talle de ropa que no está dentro de los cánones «normales», porque somos disléxicos, vegetarianos, celíacos, alérgicos al curri o porque, simplemente, tarde o temprano seremos viejos.

Hace poco, un amigo me contaba su frustración y enfado cuando fue a cenar con su padre octogenario a un restaurante que presumía de ser inclusivo porque en su carta tenía opciones *veggies* y *gluten free*, pero la única forma de acceder a la carta era a través del código QR...

No estaban siendo inclusivos con las personas que no tienen determinadas capacidades o recursos digitales. Y es que a todos nos llegará nuestro VHS… Hace muchos años compartí una mesa redonda con varios directores de recursos humanos. Recuerdo que uno de los participantes de la mesa contó una anécdota sobre su abuelo: el hombre había ido adaptándose bastante bien a la tecnología, desde la radio AM, pasando a la FM, a la televisión, al mando a distancia, etc. Pero cuando llegó el VHS ya no supo –o no pudo– adaptarse. Y, concluía, «todos tendremos un VHS en nuestra vida», y allí, añado yo, necesitaremos de la empatía y la inclusión de este mundo en el que vivimos para poder mantener cierta autonomía y autoestima.

A veces, sólo se trata de viajar. Sí, de salir de nuestra cultura, de nuestro entorno seguro, conocido y previsible, de asomarnos al mundo y de vivir, aunque sólo sea por unos días, en un entorno en el que seamos claramente minoría, para tomar conciencia de la vulnerabilidad, de la soledad, de la necesidad de ayuda, de empatía. Me refiero a viajar de verdad. A empaparnos de otra cultura, a dejarnos sorprender, a vivir como los locales, a dejar de lado nuestros prejuicios y a intentar entender, en ese tiempo que tengamos, cómo es «ser otro».

Actualmente, estamos muy acostumbrados a «ir sabiendo». Sabiendo a qué lugares hay que ir para hacerse la *selfie*, a qué restaurante hay que ir para pedir cierto plato y hacerle una foto para subirla a las redes sociales e, incluso, a ir a las franquicias de las mismas tiendas y marcas que tenemos en la ciudad donde vivimos para ver los mismos productos que podríamos comprar a veinte minutos de casa, por no hablar de las personas que viajan y buscan los mismos restaurantes de comida de su país de origen. Es lo que tiene la globalización: que es exactamente lo contrario a la diversidad.

A lo que iba. Cuando viajamos y conocemos otras realidades, en las que sentimos en carne propia pertenecer a una minoría, se genera en nosotros esa empatía que, al volver a casa, podemos poner al servicio de la comunidad a la que pertenezcamos. Todos pertenecemos o perteneceremos a una minoría. Crear espacios de seguridad psicológica para que las minorías puedan expresarse tal cual son y puedan realizarse en todo su potencial nos ayuda a crear un entorno mejor para todos.

Es verdad que en ocasiones darse cuenta de los propios sesgos no es suficiente. También es cierto que el patrón cultural es muy fuerte y nosotros mismos nos descubrimos teniendo juicios de valor con criterios que

no son inclusivos. Pero por suerte hay también muchas organizaciones que trabajan precisamente para promover la integración de las minorías en la sociedad y en el mundo laboral. Las empresas tenemos el deber moral de ser proactivas en este sentido como en muchos otros temas, puesto que todo aquello que las personas que integran la compañía ven y viven en su entorno laboral lo trasladarán luego a sus familias, y el efecto multiplicador será imparable.

Permitidme aclarar un tema: en este capítulo, en el que hablamos de minorías, hago referencia a la igualdad de género y a la brecha salarial. Lo menciono para poner de manifiesto, que si en ese tema aún estamos como estamos, todavía menos avanzados estamos en lo que se refiere a inclusión de minorías. Y no porque considere que las mujeres sean una minoría, ni mucho menos. De hecho, es la única mayoría que en muchas ocasiones es tratada como minoría.

5. **El sentido de la justicia**

> *«All animals are equal. But some animals are more equal than others».*
> GEORGE ORWELL. *Animal Farm*

Una de las primeras cosas que me enseñó Carlos, mi primer jefe, cuando yo tenía veintitrés años, fue un criterio a utilizar para tomar decisiones.

Cuando vayas a tomar una decisión –me dijo– hazte siempre dos preguntas:

1. Si la decisión que voy a tomar se hiciera pública, ¿sentiría vergüenza?
2. Si tuviera que tomar esta misma decisión varias veces, ¿tendría un problema?

Si alguna de las respuestas es que sí, entonces no es una buena decisión.

Ese consejo me ha acompañado durante toda mi carrera profesional y aún sigo aplicándolo con mucha frecuencia. Las personas con las que trabajo diariamente me lo escuchan decir muy a menudo y, especialmente, cuando nos encontramos ante una decisión que podría ser una excepción a una política o, simplemente, alguna situación que hasta ese momento nunca se había planteado: «¿Qué les vamos a decir a las siguientes personas que nos planteen lo mismo?, ¿podremos darles la misma respuesta?, ¿podremos repetir la misma decisión un número determinado de veces? Si es que sí, adelante».

Recuerdo el caso de una persona que hace un par de años planteó teletrabajar desde un país –típico destino vacacional y con el que no tenía ninguna vinculación familiar– con una diferencia de varias horas con respecto a España. El caso no se había presentado hasta ese momento y recurrimos a las dos preguntas para enmarcar la decisión. La respuesta fue que no podría teletrabajar desde aquel país, simplemente porque no hubiéramos podido tomar esa misma decisión más veces en el caso de que otras personas nos lo hubieran solicitado: una trabajando desde Cancún, otra desde Bali, otra desde Maldivas, otra desde California, etc. Nuestro negocio, nuestros procesos, nuestras estructuras, sencillamente no podrían funcionar de manera eficiente en esas circunstancias. No obstante, abordar este tema nos ayudó a establecer un criterio: se podría teletrabajar desde otro país siempre que fuera por un tiempo determinado, en husos horarios no muy distantes de Europa central y por motivos familiares. Con ese criterio nos sentíamos cómodos y podríamos aplicarlo tantas veces como se presentara el caso.

En definitiva, las dos preguntas que me enseñó mi exjefe Carlos ponen a prueba la consistencia y la equidad de las decisiones.

He llamado a este capítulo «El sentido de la justicia», aunque siempre me ha parecido muy delicado hablar de justicia en temas de gestión de personas. De hecho, en muchas ocasiones en las que me han preguntado a qué me dedico profesionalmente he respondido, un poco en broma y un poco en serio: «A gestionar injusticias», para luego pasar a explicar ya seriamente mi ocupación y cuáles son los temas que gestiono en mi vida profesional. Y es que cualquier decisión que involucre a personas, desde alguna perspectiva interna de la organización podría percibirse, con más o menos motivos, como injusta. ¿Fue justa la decisión de no dejar teletrabajar desde aquel destino exótico? Para la persona que lo solicitó, probablemente no.

Recuerdo un caso de hace ya varios años que siempre me ha generado cierta impotencia y frustración. En muchas empresas es frecuente dar algún reconocimiento a la permanencia (o a la antigüedad, como se la llama en muchos sitios). Es decir, cuando una persona cumple determinados años de antigüedad, recibe un obsequio por parte de la compañía. En aquellos años, un compañero compartía conmigo su frustración con esta política. Él trabajaba en una empresa que daba este reconocimiento, en este caso un reloj muy bonito, al cumplir los veinte años de antigüedad (algo ya impensable en los tiempos que corren, pero en aquel entonces era algo habitual). La empresa fue comprada por una multinacional que tenía como política dar ese mismo reconocimiento, pero a los quince años. En el momento de la adquisición, mi compañero sumaba diecisiete años de antigüedad. El reconocimiento aún no le correspondía en «su» empresa, pero ya había superado la antigüedad establecida en la nueva: nunca recibió el reloj.

¿Fue eso justo? No lo sé. Lo que sí sé es que, si la decisión hubiese dependido de mí, habría hecho esas dos preguntas que me enseñó mi jefe y, tras averiguar cuántos casos había en la empresa (personas con más de quince y menos de veinte años de antigüedad), probablemente les habría dado el reconocimiento a todas las personas atrapadas en el limbo de las políticas corporativas. En el contexto de una compra o fusión de empresas, esas excepciones están más que justificadas y el impacto en la motivación de las personas y en la marca empleadora puede ser inmenso. Se trata, al fin y al cabo, de poner las políticas al servicio de la estrategia y no a la inversa. En este caso, al servicio de la cultura organizacional y de la estrategia de gestión del talento. Un elemento imprescindible para desarrollar un criterio justo y coherente en la toma de decisiones es la capacidad para ver los problemas desde diferentes puntos de vista. Tomar perspectiva, ponernos en la piel del otro, tener empatía por las necesidades y prioridades de la otra persona y buscar una solución que contemple esa complejidad. En el marco de las relaciones del trabajo, esa perspectiva a mí me la aporta, en gran medida, el diálogo abierto y constructivo con la representación social.

Al igual que todos los conceptos que estamos tocando en este libro, no es algo que se consiga de la noche a la mañana, ya que ese diálogo abierto y constructivo con los representantes sociales se basa en la confianza y en el respeto, lo cual implica tiempo. Como cualquier otra relación, es necesario explicar las necesidades propias y entender las ajenas, compartir información (objetivos estratégicos, resultados financieros, etc.), acordar los principios que regirán la relación y los valores que ambas partes se comprometen a honrar. Una vez esos compromisos existen y se ponen en funcionamiento, la relación crece y fortalece las decisiones tomadas.

Cuando digo «acordar los principios que regirán la relación» me refiero, por ejemplo, a especificar por ambas partes qué cosas se informarán mutuamente, cuáles se consultarán y cuáles se decidirán de forma conjunta. Este tipo de acuerdos ayudan a gestionar las expectativas, puesto que definen los ámbitos de actuación de cada una de las partes y minimizan los roces en los siguientes casos.

Por ejemplo, la organización de la jornada de trabajo evidentemente es un tema para decidir de forma conjunta o para negociar (si uno se siente más cómodo con el uso de este término). Realizar una encuesta a la plantilla es algo que cualquiera de las partes puede hacer y el *feedback* o la opinión de la otra parte puede enriquecer y mejorar la propuesta inicial.

Esto es sólo una muestra de lo que con voluntad puede llegarse a hacer, pero los mismos criterios pueden aplicarse a muchos temas de relaciones laborales que no están necesariamente en el ámbito de la negociación de un convenio y que, sin embargo, forman parte del día a día de la empresa: desde comunicaciones a la plantilla, la implementación de un nuevo proceso de *onboarding* o el contenido del plan anual de formación. A medida que la relación se afianza, el *feedback* se enriquece y las decisiones mejoran en coherencia y solidez. Todo esto no me lo han contado, así es como trabajo desde hace muchos años con los representantes sociales, día a día, codo con codo.

Canales de escucha

Otro mecanismo imprescindible para la construcción de un ecosistema justo y coherente es el canal de comunicación *bottom-up*, y no me refiero (sólo) a la típica encuesta de clima organizacional diseñada en algún *headquarter* distante de las necesidades locales, sino a canales que nos permitan preguntar, escuchar y tomar el pulso de la organización. Desde encuestas puntuales para saber si una iniciativa determinada que queremos implementar tiene recorrido o no hasta la creación de comunidades que promuevan y dinamicen determinados temas. Recuerdo hace ya varios años, cuando en el departamento de Recursos Humanos tuvimos la idea de crear colonias de verano para los hijos de las personas que trabajaban en la empresa. Por suerte, ante la duda de cuántos niños se apuntarían, alguien sugirió preguntar a la plantilla. Menos de diez personas interesadas. Evidentemente no llevamos adelante la idea.

A partir de ese momento formalizamos un canal de encuestas puntuales (dos o tres preguntas) con el compromiso de publicar las respuestas la semana siguiente, para sondear el interés o para pedir *feedback* de innumerables temas: desde la fecha para organizar una jornada de puertas abiertas para las familias hasta el nivel de calidad del contenido de las ponencias en determinados eventos, pasando por la satisfacción con el servicio de comedor. El resultado ha sido muy positivo se mire por donde se mire: hemos ganado en eficiencia, en impacto de las acciones que se llevan a cabo y especialmente en la involucración de todas las personas en el diseño de acciones e iniciativas.

A lo largo de estos años también he trabajado con

muchas comisiones, o equipos de trabajo, integrados por personas que voluntariamente quieren contribuir y dedicar parte de su tiempo a temas que les resultan importantes. Comisiones para el desarrollo de la igualdad de género, para el desarrollo de la diversidad e inclusión, equipos multidisciplinares para la identificación de necesidades de formación, involucración de empleados en campañas para redes sociales y hasta la creación de una banda de música, por citar algunos ejemplos.

6. La espiral mágica y la gestión del talento

Hace unos años, cuando un miembro del Comité Ejecutivo fue expatriado, nos enfrentamos a la decisión de sustituirle. Ya os podéis imaginar que la posición tenía varios «pretendientes», tanto del mercado local como de *headquarters*. Sin embargo, la opción preferida tanto para el CEO de la compañía como para mí estaba clara: apostar por el talento interno. De este modo, seguimos el proceso de análisis de candidaturas y finalmente acordamos de manera consensuada con *headquarters* que el candidato ideal para la posición era un ejecutivo de nuestra propia empresa. A esta persona, a su vez, la sustituyó otra persona interna. Y así sucesivamente… Un total de ocho personas de la compañía tuvieron un progreso en sus carreras profesionales, y otras 460 personas lo vieron y pensaron: «En esta compañía no hay techos de cristal, en esta compañía se apuesta por el talento interno».

Todo este movimiento estuvo originado por el cambio de un ejecutivo, que se había incorporado a la compañía veinte años antes, como becario. Este caso, que puede parecer una anécdota, es un ejemplo del modelo de gestión del talento de una compañía que apuesta de manera consistente por el desarrollo del talento interno. Pero ¿cuáles son las ventajas de esta estrategia? La respuesta es «muchas». Por ejemplo, la primera que me viene a la mente es la que acabo de contaros: la demostración de que la empresa apuesta por el talento interno y que pone de manifiesto que se puede crecer dentro de la estructura organizacional. Una segunda ventaja es que la empresa ofrece la oportunidad de cambiar de trabajo sin cambiar de empresa, y, en consecuencia, las personas que tienen potencial, pero que su curva de aprendizaje ya está al limite, tienen nuevos desafíos.

La rotación interna —no siempre tiene que tratarse de una promoción, sino que a veces un cambio de área o de departamento en un movimiento lateral también implica una oportunidad de aprendizaje muy importante en la carrera profesional— es una fuente de desarrollo del talento importantísima.

Adicionalmente, las personas van creciendo a medida que amplían su red de contactos dentro de la compañía y expanden su conocimiento del negocio. A medida que crecen, se transforman en líderes con un conocimiento cabal del negocio y de las personas, así como también una red de relaciones personales robusta: líderes que a su vez promoverán el modelo de desarrollo interno, porque es el modelo con el que han crecido y que les ha ayudado a desarrollar sus propias carreras profesionales. En este contexto, es poco probable que una persona sea promovida a la posición de su superior inmediato. Por el contrario, lo más habitual es que haga un movimiento lateral, a otra unidad de negocio de la organización, a otro departamento o a otra marca. Y luego a otra. Y otra. De esta manera, la persona va creciendo en espiral. Esto es la «espiral mágica», la cual permitirá que al cabo de unos años esa persona ocupe –o no– la posición que alguna vez fue de su superior. En ese momento, habrá adquirido un conocimiento más amplio del negocio, de otras áreas, y habrá ampliado su red de contactos, de tal forma que tendrá en su haber más experiencias que la habrán ayudado a ser mejor profesional.

Esta estrategia, que suena muy bien, tampoco se consigue de la noche a la mañana. Especialmente cuando se parte de una cultura en la que los mandos intermedios están convencidos de que las personas les pertenecen y no sólo no están enfocados en su desarrollo, sino que, además, no están habituados a la rotación natural en sus equipos y viven cada cambio como una verdadera tragedia. Muchas compañías tienen «cultura de silos»: departamentos enteros que no «hablan» con otros departamentos y sin la más mínima probabilidad de intercambiar talento. En estos casos hay que empezar poco a poco, eligiendo muy bien los primeros movimientos por hacer, porque estos serán los «casos de éxito» que luego nos permitirán ir rompiendo poco a poco las barreras. Las resistencias probablemente se concentren en los mandos intermedios. Ellos son quienes tendrán el temor a perder el control sobre los recursos. En este sentido, hay una frase que siempre me ha hecho mucha gracia: «Retener el talento». ¡Como si se pudiera! Cada vez que la escucho viene a mi memoria el poema de Khalil Gibran que dice:

> Tus hijos no son tus hijos.
> Son hijos e hijas de la vida,
> deseosa de sí misma.
>
> No vienen de ti
> sino a través de ti,
> y aunque estén contigo
> no te pertenecen.

No se puede expresar de manera más bella ni más precisa: no somos dueños de nuestros hijos, ni podemos retener el talento. El talento es libre, e irá allí donde pueda crecer; al talento hay que seducirlo, ofrecerle un entorno profesional en el que pueda desarrollarse. Y se quedará con nosotros mientras esto sea así, y cuando deje de serlo, ya sea porque hemos fallado o, simplemente, porque ya no podemos ofrecer ese entorno que el talento requiere, se irá a buscar nuevos desafíos. En estos casos no debemos lamentarnos. En mi carrera me he encontrado con muchos directivos que se tomaban como una ofensa personal que alguien decidiera marcharse de la compañía. Lo vivían como una traición. De nuevo, esto refleja ese sentimiento de propiedad que mencionaba: una lealtad mal entendida.

Yo prefiero vivirlo como cuando un hijo, por mucho que nos quiera, decide irse de casa. No es una traición, sino el deseo legítimo de explotar al máximo su potencial. Recuerdo la primera vez que un compañero mío, Pablo, dejó la organización en la que trabajábamos. Sorprendido, lo comenté con nuestro jefe, Sergio. Su respuesta cambió para siempre el paradigma que yo tenía. «Sí —me dijo—, ya lo sabía desde hace un tiempo. De hecho, Pablo me ha pedido consejo porque no estaba seguro de si era una buena oportunidad para él. Al final ha decidido que sí». Sergio y Pablo habían estado hablando del tema abiertamente y Sergio le había dado sus mejores consejos. La decisión final fue de Pablo. Era un paradigma de gestión de personas nuevo para mí: yo tenía, por entonces, veinticinco años.

Hablar de las opciones de desarrollo interno y de las expectativas de crecimiento profesional, abiertamente, sin tapujos, es una obligación de todo *manager*: tratar a los colaboradores como si fueran personas adultas[7], con respeto, con transparencia, para que cada uno pueda tomar las mejores decisiones para su carrera. Ese aprendizaje de mis primeras etapas profesionales, lo apliqué las dos veces en las que cambié de grupo empresarial. En ambos casos, opté por tener un diálogo abierto sobre opciones de carrera con mis superiores, pidiendo *feedback* sincero y valorando alternativas. Eso mismo es lo que transmito y pongo en práctica con mi equipo.

El talento que se marcha es un talento ambicioso que quiere crecer. Y si en el futuro tenemos algo para ofrecerle para seguir creciendo con nosotros en otra etapa

7. Lo digo con mucha ironía, claro está.

de su desarrollo, deberíamos estar orgullosos de que así sea y recibirlo una vez más en la empresa. A lo largo de mi carrera he podido vivir varias de estas experiencias y puedo asegurar que no hay nada más reconfortante que ver cómo el talento regresa a donde alguna vez lo ayudaron a crecer para aportar todo ese valor que fue acumulando a lo largo de sus otras experiencias.

Uno de estos casos sucedió hace pocos años. El director de *marketing* compartió con el CEO de la compañía las oportunidades de carrera que se le abrían en el mercado y este, a su vez, compartió con él las que creía que podría tener dentro de la empresa a corto y medio plazo. Finalmente, el director de *marketing* tomó la decisión de marcharse. Sin embargo, un par de años más tarde no dudó en regresar para continuar su carrera en una posición que encajaba perfectamente con su recorrido profesional.

Otra de las ventajas de la estrategia del desarrollo del talento interno es la económica. A nadie se le escapa que es más económico fichar a un talento júnior que a una persona de nivel ejecutivo. Pero no es a eso a lo que me refiero. Los riesgos de contratar a una persona de nivel ejecutivo son varios y habrá que ponderarlos: el encaje cultural, la falta de una red de contactos en la compañía o el conocimiento del negocio, etc. Por no hablar de lo que ya hemos comentado al inicio del capítulo: el mensaje implícito al resto de la organización. Claro está que hay ocasiones en las que no contamos con un sólido plan de sucesión, ya sea porque los potenciales candidatos no están disponibles o, simplemente, porque no tenemos en la casa el perfil que necesitamos. En estos casos, evidentemente, la mejor solución es contratar personas que estén en el mercado, apoyándonos en consultoras especializadas en selección de talento.

El impacto multiplicador del liderazgo

El modelo de la espiral mágica funciona siempre y cuando el talento quiera crecer. Esto ocurre sólo cuando se ve a los líderes de la organización como *role models*, como modelos aspiracionales. Para ello es imprescindible que los líderes encarnen los valores organizativos, puesto que el impacto del estilo de liderazgo en la cultura organizativa es inmenso.

En el apartado «Culturas que ayudan a fluir» comentaba que el desarrollo del liderazgo, junto con el reclutamiento, son las dos palancas clave en la gestión de personas. Esto es así porque los valores culturales que transmitan los líderes tendrán un impacto multiplicador en la organización. Y para que eso sea posible, es decir, para que una transformación cultural tenga éxito, debemos asegurarnos de que los líderes de la empresa (los líderes formales y los informales) están comprometidos con la transformación. De lo contrario, el fracaso está asegurado.

Otro aspecto especialmente importante en este sentido es la conciliación, de la que ya hemos hablado, pero permitidme aquí hacer hincapié en ello. Las generaciones más jóvenes valoran mucho más la conciliación de lo que lo hacen los *baby boomers*. En el momento en que el talento joven perciba que el precio de desarrollarse profesionalmente en la empresa implica renunciar a sus valores, correremos el riesgo de que decida marcharse. Los valores no son sólo para los jóvenes. Toda la organización debe vivirlos.

El mito del plan de carrera

> «*Don't feel guilty if you don't know what you want to do with your life. The most interesting people I know didn't know at twenty-two what they wanted to do with their lives. Some of the most interesting forty-year-olds I know still don't*».
> MARY SCHMICH. *Wear Sunscreen*

Todo esto de la espiral mágica está muy bien, pero ¿dónde encaja aquí el plan de carrera? ¿Por qué posiciones debe ir pasando una persona para crecer en la empresa? Si por plan de carrera entendemos la planificación de antemano del paso secuencial por una serie de posiciones (con sus respectivas duraciones), al cabo del cual la persona llegará a su *destination role*, me temo que el plan de carrera, sencillamente, no existe. Tal vez pueda funcionar en compañías de consultoría con un modelo de desarrollo *up or out*, pero no en el tipo de organizaciones que yo conozco. Al fin y al cabo, estoy compartiendo aquí mi experiencia…

Es verdad que siempre podemos intentar vislumbrar ciertos patrones, pero no es una receta y, en consecuencia, no hay garantías. Por ejemplo, si yo quiero ser director de *marketing* de una multinacional puedo chafardear en los perfiles de LinkedIn de varios (o muchos) directores de *marketing* de compañías que para mí sean referentes e intentar encontrar un patrón o ciertas similitudes que me den una pista de cuáles son los *building blocks* o las posiciones que debería ir ocupando para construir una carrera en *marketing*. Puede funcionar, pero no necesariamente, porque el mundo cambia cada vez más rápido y lo que ha dado frutos en el pasado no tiene por qué darlos en el futuro. Podemos reconstruir el plan, desde el futuro. Pero eso no es un plan, sino una historia.

«*Dots connects backwards*», dijo Steve Jobs en su discurso en Standford. ¿Qué significa eso? Pues para mí significa algo muy diferente a lo que explica Jobs en su discurso. Él dice: «… así que tendrán que confiar en que los puntos se conectarán alguna vez en el futuro…». Claro que se conectarán, hayamos llegado o no adonde nos habíamos propuesto, porque así funciona la mente humana. Somos nosotros quienes los conectaremos. Necesitamos conectarlos. Necesitamos darle sentido a la vida, a lo que nos sucede, a las decisiones que tomamos, porque de lo contrario la vida es insoportable e incomprensible. Javier Argüello escribe: «¿Cuál es el límite entre la realidad y la ficción? Muy sencillo: si tiene sentido, es ficción, porque la realidad no lo tiene».

El famoso *storytelling* está profundamente arraigado en nuestra psique. Nos contamos historias todo el tiempo. Nos explicamos el mundo a nosotros mismos. Es la forma que tenemos para darle sentido a la vida. Pero la verdad es que no estaba escrito en ningún sitio que el paso profesional que dimos hace diez años iba a conducirnos a la posición que ocupamos hoy. Ha sido la suma de innumerables variables que no controlamos y de las que, en su mayoría, ni siquiera somos conscientes.

Estas reflexiones son válidas para los diferentes modelos de carreras profesionales que podemos encontrarnos hoy en día. Estoy pensando básicamente, y sé que esto es una simplificación, en tres modelos en concreto. En primer lugar, en las carreras profesionales «de antes», esas en las que trabajabas toda la vida en la misma empresa hasta que te jubilabas. En segundo lugar, en las carreras profesionales que las siguieron, esas en las que cambias de trabajo cada cuatro o cinco años, ya sea a causa de reestructuraciones de la empresa o buscando nuevas oportunidades profesionales. Y, por último y tercer lugar, en las carreras profesionales «de ahora», en las que trabajas en varios proyectos diferentes simultáneamente.

Otra opción es guiarnos por algunos criterios, que es lo que suelen hacer muchas compañías. Por ejemplo, para ser elegible a una posición de *senior manager* tienes que haber obtenido resultados por encima de la media durante tres años consecutivos en una posición de *manager* e, incluso, para ser elegible a una posición de *senior manager* de negocio debes tener al menos tres años de experiencia en ventas y otros tres en *marketing*. También influyen el conocimiento de idiomas, los títulos universitarios o la experiencia profesional en el extranjero. *You name it.* Cada compañía decide qué criterios son relevantes para su cultura y su política de desarrollo del talento. Y en función de eso, cada persona podrá ir decidiendo cómo y cuándo construir su puzle profesional.

Pero no es una receta. No hay garantías porque las decisiones que deberemos ir tomando (empresa y talento) consistirán en hacer coincidir expectativas de desarrollo profesional de las personas con necesidades organizativas. Y así, poco a poco, cada persona se construye su plan de carrera individual, que podrá parecerse más o menos al que había proyectado y que reunirá unos u otros criterios de desarrollo de los que establezca la compañía.

La gestión del talento no es un proceso lineal, secuencial, sino un ecosistema de procesos y herramientas interrelacionadas, que se retroalimentan y que, *a priori,* pueden generar una sensación de complejidad. No os voy a engañar. Creo que es más que una sensación: es un proceso complejo, lleno de matices, de bifurcaciones y de alternativas. Pero, en definitiva, se trata de poner ese conjunto de procesos y herramientas al servicio, por un lado, de las personas, para que puedan dar lo mejor de sí mismas, para que puedan demostrar todas sus capacidades, dar sus mejores resultados y desarrollar su carrera profesional. Y, por otro lado, de ponerlo al servicio de la empresa, para que disponga de personas preparadas para afrontar los retos del negocio en todo momento, con las capacidades tanto técnicas como de gestión y de liderazgo que necesite.

Como en todos los temas que hemos hablado, para que la gestión del talento sea robusta y tenga credibilidad, es imprescindible que la construyamos sobre valores claros, como la transparencia, la asertividad y la objetividad:

- Transparencia: velar para que cada persona de la organización conozca los criterios por los que se toman las decisiones respecto a la gestión de las carreras profesionales. Esto otorga solidez a la gestión y retroalimenta a su vez el valor de la justicia interna. Por ejemplo, los criterios de desarrollo que mencionábamos antes tienen que ser conocidos por toda la organización. Las reglas del juego tienen que ser claras.

- Asertividad: intentar que la organización diga claramente a cada persona (ya sea en la evaluación de desempeño, en un proceso de *feedback* 360º o en un proceso de promoción interna) cuáles son sus fortalezas, los aspectos que tiene que reforzar, qué expectativas puede tener en relación con su carrera profesional, por qué puede o no aspirar a una promoción, etc. En muchas ocasiones me he encontrado con *managers* temerosos de decirle a una persona que no tenía recorrido profesional, asumiendo que esa persona no tenía más opciones que conformarse. Nada más lejos de la realidad. Insisto. Tenemos que respetar a las personas, entender que todos somos adultos, que sabremos tomar las mejores decisiones y que tenemos todos los recursos que necesitamos para ello. Si creemos que una persona no tiene oportunidades de desarrollo en la compañía y la persona cree que sí, debemos ser honestos para que esa persona pueda tomar sus decisiones con toda la información disponible.

- Objetividad: asegurarse de que las decisiones no se toman por capricho de nadie, sino pensando en cuál es la mejor decisión para la compañía a corto, medio y largo plazo. Porque las decisiones que tomemos con una persona hoy crearán precedentes y darán mensajes a toda la organización, que aún tendrán impacto en el futuro. Por ello es imprescindible que todos los procesos de gestión del talento (reuniones de calibración, planes de sucesión, determinación del potencial, etc.) sean gestionados con transparencia por el *senior management* de la organización y que las decisiones sean consensuadas.

En mi experiencia, cuando esto se hace de manera consistente, a lo largo de los años, el *senior management* va generando un conocimiento del talento de la compañía que hace que la objetividad y la solidez de las decisiones sean cada vez mayores: las discusiones sobre las personas que deben incluirse en el plan de sucesión son más breves, las decisiones sobre quién liderará tal o cual proyecto estratégico son menos polémicas y asumir que hemos cometido un error en la gestión del talento es más fácil.

A estos procesos que ya hemos mencionado podemos añadir otros que, dependiendo de la situación, de las necesidades de desarrollo del talento y de las necesidades organizativas, podemos implementar en un momento u otro. Me refiero a procesos de *mentoring*, procesos de *coaching* (individual o de equipo), formaciones, rotaciones internas, etc.

Plan de sucesión

Permitidme que profundice un poco en esta herramienta: el plan de sucesión no suele hacerse para todas las posiciones de la organización sino sólo para las posiciones clave, y cada organización decide las suyas. El plan debe responder, básicamente, a estas tres preguntas:

1. ¿Qué persona puede ocupar esta posición clave si a la persona que actualmente la ocupa, mañana «le toca la lotería»?
2. ¿Y si «le toca» dentro de un año?
3. ¿Y si «le toca» dentro de tres años?

La primera pregunta es fácil de responder. No hay que hacer «futurología». Para la segunda, hay que imaginarse o visualizar qué personas de la organización ya están casi preparadas y sólo es cuestión de tiempo que acaben de afianzar conocimientos, experiencias o ganar cierta exposición. Para la tercera pregunta ya es un poco más difícil encontrar certezas. Aquí tenemos que ser más flexibles, ver indicios y ser más cautos en el momento de descartar. Pero, sin lugar a dudas, esta es la que requiere más acción por parte del *management,* porque para esas personas que identifiquemos tendremos que decidir también cuáles son las experiencias clave que necesitarán desarrollar en los próximos dos o tres años y, así, seguir siendo candidatas a esas posiciones clave del plan de sucesión. Esto disparará, a su vez, decisiones acerca de procesos de *coaching* para desarrollar ciertas competencias, movimientos de puestos para que adquieran determinada experiencia o formación en escuelas de negocios para que afiancen ciertos conocimientos, por nombrar sólo algunas herramientas de gestión del talento.

Hay otros tres análisis que podemos hacer sobre el plan de sucesión. Uno está relacionado con lo que ya hemos comentado cuando hablábamos del desarrollo de talento femenino: analizar cuántas de las personas que hemos identificado para el corto, medio y largo plazo son mujeres y cuántas son hombres, y si el plan no está equilibrado, comprobar que nuestros sesgos no nos estén jugando una mala pasada.

El segundo análisis es identificar *gaps* en el plan. Es decir, analizar si para algunas de las posiciones clave (ya sea a corto, medio o largo plazo) tenemos escasez de talento identificado. Si es así, deberemos desarrollar talento interno preparándolo para esas posiciones o asumir que, llegado el caso, deberemos contratar personas del mercado.

El tercer análisis es el *post mortem*. Es decir, al año siguiente, el ejercicio de plan de sucesión debería empezar analizando cuántas de las posiciones clave tuvieron que ser cubiertas a lo largo del año y en cuántas ocasiones el nuevo ocupante fue una de las personas identificadas el año anterior. Este análisis nos dará un *feedback* claro de la utilidad de la herramienta y de la honestidad con la que fue hecho el ejercicio.

Rotaciones y movimientos internos

Cuando hablábamos de la espiral mágica comentábamos los beneficios de rotaciones que no necesariamente implican una promoción jerárquica y que, sin embargo, ofrecen a las personas la oportunidad de aprender sobre otras áreas de negocio, ampliar su experiencia profesional, ampliar su red de contactos, sus habilidades profesionales, etc. En definitiva, cambiar de trabajo sin cambiar de empresa. Esto es beneficioso tanto para las personas como para la organización. Evidentemente, la persona tiene mucho que decir en todo esto y por esta razón las rotaciones deben encajar con las expectativas de las personas involucradas.

En este sentido, la empresa podrá ofrecer las vacantes o rotaciones basándose en las necesidades organizativas y cada persona será responsable de decidir si ese movimiento tiene sentido con sus expectativas de carrera profesional: ¿la acerca más hacia el *destination role* que tiene en mente? ¿O la aleja? Si la aleja, ¿es un desvío que puede tener sentido o abrir incluso otros planes de carrera que no había contemplado hasta ese momento? ¿O no tiene ningún encaje con sus expectativas? Todo esto es lo que hay que sopesar al valorar un movimiento. En cualquier caso, nunca se deben tomar decisiones por miedo: ni profesionales ni personales.

He visto muchos casos de personas que, por miedo, aceptaron movimientos y cambios de carrera que no estaban alineados con sus planes de vida personales (proyecto de familia, etc.) y el resultado no fue bueno. Volvemos a los valores: ¿qué valor estamos honrando con cada decisión que tomamos? Si una decisión profesional me aleja de mi familia o de cualquier otro plan o prioridad personal, debemos ser conscientes de ello y, sobre todo, consistentes.

La gestión del mal desempeño

¿Qué hacer con las personas que no dan la talla? La respuesta a esta pregunta también está dentro de la cultura organizativa. Seguramente todos conocemos alguna compañía de modelo «no se despide a nadie» (recordad que, si queréis conocer la cultura de una empresa, debéis escuchar esas frases que se acuñan, los apodos, las anécdotas que más se repiten) y también conocemos otras compañías en las que el modelo es *up or out*.

Mi filosofía está entre estos dos extremos, con un componente importante de asertividad y transparencia. Cuando una persona ha tenido un mal desempeño, hay que hablar de ello. Con la persona y no a sus espaldas. No vale hablarlo en las reuniones de calibración o en el foro que sea y que la persona más interesada no lo sepa. La persona que no tiene un desempeño acorde a las expectativas debe saberlo, y debe saberlo lo antes posible, para poder mejorar y corregir aquello que no está haciendo bien. Es por eso que cuando comentaba el proceso de evaluación del desempeño decía que la conversación formal, donde se genera el registro de los resultados anuales del desempeño, no debería comportar ninguna sorpresa. Tan pronto como se detecta que el desempeño no está siendo el esperado, es imprescindible que el *manager* le dé *feedback* a la persona, con ejemplos concretos y explicando las repercusiones que su *performance* está generando, ya sea en los resultados del equipo, del negocio, en el entorno de trabajo, etc.

Todos hemos tenido épocas mejores y peores, y todos hemos agradecido (o hubiéramos agradecido, en el peor de los casos) haber recibido *feedback* a tiempo y ayuda para superar los baches. De eso se trata. Eso es lo que un *manager* debe hacer cuando sabe gestionar personas. Dar *feedback* de manera asertiva y prestar apoyo a través de las muchas herramientas de las que venimos hablando. Si el bajo desempeño continúa, las conversaciones de *feedback* deben ser aún más asertivas y concretas. Idealmente, se debe involucrar también a la representación social, para que, por un lado, pueda tener un diálogo directo sobre ello con la persona interesada y, por otro, sea conocedora de todos los pasos que estamos dando para ofrecer apoyo y oportunidades a esa persona. El tiempo que invirtamos en este proceso y la cantidad de oportunidades que decidamos dar dependerán de la cultura de cada compañía, pero en cualquier caso deberían ser las suficientes como para que no nos dé apuro el día que decidamos sentarnos con esa persona y decirle que hemos decidido poner fin a la relación laboral.

Por supuesto que antes de ese momento, y dependiendo del caso, también existen otras medidas a las que hacía referencia antes: herramientas tales como un cambio de puesto (siendo muy claros con todas las partes involucradas, para que nadie se sienta engañado), formación, *mentoring*, etc. Y si, finalmente, la decisión es desvincular a la persona de la organización, tenemos que hacerlo pensando no sólo en esa persona que tenemos delante, sino también en todas las otras que trabajan en la compañía. Porque en el *cómo* tratemos a esa persona estaremos mostrando nuestros valores y el resto de la empresa querrá ver cuáles son esos valores. En consecuencia, toda la plantilla estará pendiente de cómo gestionamos ese momento tan relevante para la vida de una persona con la que han compartido muchos momentos, muchos proyectos, muchas vivencias y con la que seguramente muchos de ellos tienen amistad. Alguna vez me han preguntado cómo gestiono, en mi rol de director de recursos humanos, la carga emocional de un despido. Personalmente, el hecho de proveer a la persona de *feedback* asertivo y objetivo, con un genuino propósito de que esa persona tenga claro qué debe cambiar, no sólo es un requisito *sine qua non* para gestionar el desempeño, sino que además es una clara muestra de transparencia, que me aporta tranquilidad espiritual si, tras varias conversaciones, el caso deriva en un despido. En cualquier caso, si la persona, después de varias oportunidades, no puede o no quiere modificar esos comportamientos, la decisión de una desvinculación debe ser gestionada con mucha consideración. Lo mismo sucede en los casos de despidos por motivos objetivos, como pueden ser reestructuraciones, crisis de mercado, etc.

Cuando digo consideración por la persona, me refiero a poner al servicio de ella —siempre que se pueda y que sea pertinente— aquellos mecanismos y beneficios que puedan amortiguar el golpe de la decisión y ayudar a esa persona a iniciar una nueva etapa profesional.

Me refiero aquí a ofrecer, a través de consultoras especializadas, servicios de *outplacement*, a ofrecer, en la medida de lo posible, tiempo para que la persona pueda empezar a organizar ese cambio profesional, a ofrecer asesoramiento fiscal y previsional, a atender alguna circunstancia particular de su grupo familiar, y consideraciones similares que para la empresa pueden implicar pocos recursos o esfuerzo, y que, sin embargo, para la persona pueden marcar una diferencia.

¿Cómo abordar una conversación con alguien a quien tienes que despedir? Una conversación con alguien que va a ser despedido debe hacerse sin rodeos, con transparencia y con mucho respeto. Manteniendo siempre una conversación como personas maduras, explicando los motivos objetivamente, que, si hemos hecho las cosas bien, no deberían ser una sorpresa para nadie. Y, sobre todo, siendo muy conscientes en todo momento de que en esa conversación la otra parte es la parte vulnerable: es decir, necesitará tiempo para asimilar lo que digamos y que sus emociones pueden tomar el mando de su comportamiento, por lo que es nuestra responsabilidad generar esos momentos de silencio para que pueda asimilar la información y preguntar aquellas cosas que sean relevantes, sabiendo contener las emociones que pueden irrumpir y no dejarnos llevar por ellas. También es muy importante dejar un canal de comunicación abierto, puesto que habrá preguntas que surgirán una vez terminada la reunión, fruto de las reflexiones y de compartir la noticia en sus círculos personales. Este canal de comunicación es clave para que la persona se sienta acompañada en todo momento.

El estancamiento profesional

En ocasiones, el disparador de un cambio en la vida profesional no es otro más que el estancamiento. Y, entonces, llega un momento en el que la persona decide actuar. Tal vez por haber permanecido ya suficiente tiempo en una posición, en la que ya no hay aprendizaje ni retos; tal vez por haber aparcado un tiempo el desarrollo profesional en pos de otras prioridades vitales y querer retomar ahora la carrera; tal vez porque la empresa no puede ofrecer oportunidades de crecimiento o desarrollo profesional acordes a las expectativas o capacidades de la persona.

Y, dependiendo del diagnóstico, deberemos hacer

unas cosas u otras. Si es un cambio de etapa personal, ya sea porque hemos estado más pendientes de nuestra vida familiar o personal y ahora queremos dar un nuevo empuje a nuestra carrera, tendremos que decirlo, demostrarlo con actitud (proponernos para liderar proyectos, pedir cambios de posición para adquirir nuevas experiencias, etc.) y, probablemente, formarnos.

Si es porque ya hemos crecido todo lo que podíamos crecer en la empresa y creemos que tenemos el potencial y la ambición para hacer más, el único camino será el cambio de organización. Me remito a lo dicho anteriormente: si la cultura de la empresa no es el problema, antes de tomar una decisión, mi consejo es hablarlo abiertamente. Nunca se sabe qué oportunidades puede haber internamente.

Formarnos para actualizar nuestros conocimientos o para ampliarlos siempre es una buena iniciativa, que nos permitirá innovar en nuestro ámbito de responsabilidad, así como también ampliar nuestras oportunidades de desarrollo en áreas o posiciones diferentes a las que ya hemos realizado hasta ese momento.

Los motivos pueden ser varios, pero, sin duda, salir del estancamiento implicará hacer algo diferente a lo que estábamos haciendo, y eso es incómodo. Es arriesgado. Implica un esfuerzo. Es el precio que tenemos que pagar para, tal vez, recuperar la ilusión. Digo *tal vez* porque el resultado no está garantizado. Pero no hay otro camino.

7. ¡Hay *matching*!

> «La fortuna de encontrar,
> el gusto de conocer,
> la ilusión de vislumbrar,
> el placer de coincidir,
> el temor a reincidir,
> el orgullo de gustar».
>
> JOAN MANUEL SERRAT. *Y el amor*

Cuando hablo de crear un entorno profesional donde el talento pueda crecer y desarrollarse, recuerdo las *Conferencias sobre la eficacia* de François Jullien, en las que hace referencia a una historia de la filosofía china, de Mencio. Es la historia del campesino y los brotes en la que se incide en que no hay que estirar los brotes para que crezcan más rápido, ni mirarlos crecer, sino que se trata de dejar que las cosas sucedan sin por ello descuidarlas. Así como un campesino no puede hacer que una planta crezca más rápido tirando de ella, un *manager* tampoco puede hacer que el talento de una persona se desarrolle en el momento ni al ritmo que él quiera.

Lo que sí puede hacer el campesino es abonar la tierra, arrancar las malas hierbas, regar la tierra, proteger la planta de los insectos… en definitiva, allanar el camino para que la planta pueda crecer. Lo mismo debe hacer el *manager* –o, en sentido aún más amplio, el equipo directivo de una empresa– para desarrollar al talento: crear un entorno, un ecosistema que ayude a desarrollar el potencial de las personas. No hay mejor estrategia de atracción del talento que desarrollarlo. El talento atrae al talento. De este modo, cuando el ecosistema es coherente y transmite claramente sus valores y su cultura, el talento que comparte dichos valores siente que el ecosistema es un sitio en el que quiere quedarse, en el que quiere crecer. Eso es el «encaje cultural», que implica el desarrollo profesional a largo plazo. Es allí donde ya no es necesario «retener» el talento, porque lo hemos seducido y le hemos demostrado que esta relación vale la pena.

Lo contrario es sufrimiento. A lo largo de mi carrera he visto muchos casos de excelentes profesionales en culturas organizativas en las que simplemente no encajaban. Ambas partes insistían en hacer que esa relación funcionase, cuando estaba destinada al fracaso. He visto también casos en los que esa misma persona que en una empresa determinada no terminaba de brillar, ha cambiado de empresa (de cultura organizativa) y ha tenido una carrera brillante. La relación empresa-talento es la misma que existe entre dos personas. Hay química o no hay química, por mucho que nos empeñemos en hacerlo más complejo y sofisticado.

Muchas veces los candidatos confunden los valores de una marca con los valores de la compañía, con los valores de la cultura organizativa. Hace tiempo un candidato, que después fue compañero de trabajo, me dijo en su entrevista de selección, en referencia a su experiencia pasada en la empresa X, que «mola mucho más decir que trabajas para X que trabajar para X». Esto es una manera muy clara de decir que no debemos confundir el posicionamiento de *marketing* de una marca con su cultura. Ciertamente, nos podemos sentir identificados con un producto, ya seamos clientes, consumidores, *followers* o prescriptores, pero no por eso querríamos trabajar allí.

Por eso es muy importante que el candidato, en el proceso de selección, entienda que ese es el momento para conocer lo mejor que pueda la cultura organizativa de la empresa. Y es muy importante para el éxito del proceso de selección que la empresa brinde esas oportunidades, que se muestre tal cual es.

Siempre que entrevisto a un candidato (suelo hacerlo en las etapas finales del proceso) le pido que reflexione sobre este aspecto. Que reflexione sobre lo que ha percibido en cada una de las interacciones que ha tenido con la compañía y que, además de lo que ha escuchado, tome conciencia de lo que ha sentido. Y que, si llegado el momento en que le hiciéremos una oferta, no *siente* (y enfatizo el verbo *sentir*, porque en las decisiones importantes de la vida hay que «escuchar al estómago») que puede tomar la decisión con toda la seguridad que le gustaría (ya sea por sí o por no), le pido que me lo diga, y que pondremos los medios para que pueda tener más certezas.

A veces le sugiero hablar con el personal de la recepción del edificio o con el personal de la cafetería. «Pregúntales qué tipo de personas somos, o si están a gusto aquí». Es otra forma de recibir *inputs* no oficiales de una cultura empresarial, ya que en nuestro caso son personas externas a la organización y probablemente tengan una mirada más objetiva: es una forma más de saber «dónde nos estamos metiendo».

En un proceso de selección hay implícitas dos decisiones: la empresa decidirá si hará o no una oferta de trabajo y la persona decidirá si la acepta o no. Pero son decisiones con diferente nivel de riesgo. Si la empresa se equivoca (me refiero a que la persona no reúne exactamente todas las competencias y habilidades que creía la empresa), el riesgo es relativamente bajo, puesto que hay un equipo de personas que pueden mitigar esas diferencias. Pero si la persona se equivoca, se habrá equivocado con una decisión en la que se juega su principal fuente de ingresos durante los próximos años y las expectativas de continuar construyendo su carrera profesional tal como la había proyectado. Por este motivo es tan importante valorar muy bien en qué empresa decidimos seguir desarrollando nuestra carrera profesional y utilizar todas las fuentes de información que podemos tener a nuestro alcance, que cada vez son más abundantes y fiables.

8. Mis diez consejos a los *newcomers*

Cada vez que una persona se incorpora a mi equipo, independientemente de la posición que vaya a ocupar, el segundo o tercer día de trabajo me aseguro de tener un rato para conversar, sin agenda, y comprobar si sus primeras impresiones coinciden o no con las expectativas que la persona tenía antes de incorporarse, y además aprovecho para transmitirle algunas pautas de trabajo, acordar con ella una «alianza» y unos compromisos mutuos.

Estos son muy sencillos y, en mi experiencia, ayudan mucho a que la persona sienta seguridad psicológica, especialmente en esa primera etapa. Estos son los temas de la alianza:

1. Cuando te equivoques (porque te equivocarás) o creas que te has equivocado, ¡avísanos! Todos metemos la pata de vez en cuando. Si eres nuevo, más probabi-

lidades tienes de meterla. ¡Y lo sabemos! Así que no te agobies, que no somos neurocirujanos y ninguna vida depende de tu trabajo. Eso sí: avisa a quien creas conveniente para que podamos ayudarte y solucionar el error.

2. Confianza y responsabilidad: yo confiaré en ti y asumo que eres una persona responsable y que harás lo que hayamos acordado y en el *deadline* que hayamos acordado. Si no puedes hacerlo, o si ves que no podrás hacerlo, ¡avísame! Así, junto con el resto del equipo, podremos resolverlo.

3. Camina: levántate de tu mesa y muévete por las oficinas. No gestiones todo por correo electrónico o por mensajes. Conoce a los compañeros personalmente y haz que te conozcan. En los primeros tiempos, teletrabaja lo menos posible. Eso te ayudará a construir relaciones personales y a crear tu red de contactos más rápidamente.

4. Vas a gestionar información sensible y muy confidencial. Tienes que ser muy cuidadoso y reservado. Adicionalmente, la información que gestionamos en el departamento de Personas tiene un atractivo especial. Es diferente a la información que puede gestionar un equipo de ventas o de *marketing*. Aquí gestionamos

información de las personas. Tenemos que ser doblemente reservados y discretos.

5. Gestiona bien tu tiempo, sigue tu horario y vete a tu casa a la hora. Sé eficiente en el tiempo que tienes para trabajar. Siempre puede haber picos de trabajo. Pero si no llegas a gestionar tu trabajo de manera recurrente, avísame.

6. Pregunta lo que no sepas. El momento de preguntar es ahora (¡no cuando hayan pasado cuatro meses!). Nosotros te lo enseñaremos todo, incluso la jerga interna (todas las empresas tienen su propio idioma y sus acrónimos), pero si hay cosas que no entiendes, pregúntalas.

7. Resuelve problemas. Sé servicial. Interésate por entender cómo funciona la empresa, quién hace qué. Eso te ayudará a ser más eficiente y a forjarte una reputación.

8. Tu «descripción de puesto» es el «esqueleto» de la posición. Tú puedes decidir hacer sólo eso o puedes decidir darle forma, desarrollando más unos aspectos, aquellos de los que más te interese aprender o esos relacionados con tus valores y que más te motiva llevar adelante, etc. Cada uno de nosotros le puede imprimir a su puesto su toque personal y, así, dejar su huella en la organización.

9. Si quieres conocer la estrategia, observa cada detalle, cada tarea operativa que hacemos, muchas de las cuales seguramente harás tú. La estrategia se ejecuta allí. Yo te la explicaré, pero la ejecución la verás en cada tarea, y tú serás, en parte, responsable de llevarla a cabo. Llegados aquí suelo contarles la historia de las tres personas que están picando piedras y que, a la pregunta de «¿qué estás haciendo?», la primera responde: «Picando piedras», la segunda: «Fabricando bloques de piedra para hacer un muro», y la tercera: «Estoy construyendo una catedral».

10. Tienes que conocer el proceso para poder entender lo que sucede y cuál será el siguiente paso. Por ejemplo, el proceso del propio *onboarding*. Tus primeras semanas serán calmadas: alguien te estará explicando tus tareas; nadie sabe de tu existencia y por lo tanto no te piden muchas cosas; tú no sabes mucho aún y por lo tanto no tienes la presión de dar respuestas. Cuando la persona que te está traspasando sus tareas ya haya cambiado de puesto o se haya marchado, tendrás varias semanas de mucho estrés: no recordarás como se hacen algunas cosas, las personas empezarán a pedirte soluciones, no tendrás demasiada práctica y tardarás mucho en hacer las

cosas y muchas te saldrán peor de lo que quisieras, no acabarás a tiempo y te sentirás frustrada. Será el peor momento. Luego, poco a poco, comenzarás a controlar su trabajo (conocerás los procesos y las herramientas, habrás hecho tu red de contactos, sabrás a quién preguntar) y finalmente empezarás a prever —al menos en cierta medida— lo que sucederá (sabrás qué cosas te piden con cierta frecuencia y qué personas, te podrás anticipar, hacer mejoras en el flujo de trabajo, optimizar procesos, etc.). Si conocemos el proceso que estamos viviendo, el nivel de estrés se reduce. Es algo sencillo, pero ayuda a gestionar el estrés del talento júnior que se incorpora al equipo.

En esta lista he reunido los consejos y las recomendaciones que fui recibiendo y aprendiendo a lo largo de mi carrera y que creo especialmente útiles para esas primeras semanas en un nuevo equipo de trabajo y en una organización que no conocemos. Por supuesto que, como casi todas las cosas que hemos ido viendo en este libro, su pertinencia depende de la cultura organizacional de la que estemos hablando.

9. Hilvanándolo todo

A las pocas semanas de asumir mi cargo como director de Personas y Organización propuse una política de vestimenta. Yo me había incorporado a la compañía hacía casi dos años y una de las cosas que me habían llamado la atención era la formalidad en general y en el código de vestimenta en particular. Un código no escrito de acuerdo con el cual, para que nos hagamos una idea, hasta los estudiantes en prácticas vestían traje y corbata. «Nuestra ropa habla por nosotros, antes de que nosotros hablemos», dice George Brescia en su libro *Change your clothes, change your life*. La ropa tiene la capacidad de facilitar e incluso de inducir comportamientos. Es por ello que, como ya hemos comentado, el código de vestimenta de una empresa es un elemento clave de la cultura organizativa, porque inducirá ciertos comportamientos e inhibirá otros. ¿Cuáles? Dependiendo de qué valores queramos promover, deberemos definir un *dress code* u otro.

Mi propuesta no era disruptiva en absoluto. Simplemente proponía vestirnos como yo mismo me había vestido en mi entorno laboral los últimos diez años[8] y como el propio CEO de la compañía se vestía desde que se había incorporado, hacía ya un año y medio: *jeans* o pantalones chinos, camisa o polo y zapatos. Quien quisiera venir con traje era libre de hacerlo, pero quien se sintiera más cómodo podría adoptar esta nueva opción[9]. La propuesta no fue aprobada por el comité ejecutivo: no veían la necesidad ni el negocio lo requería. Yo había hecho la propuesta pensando en la atracción del talento, pensando en la transformación cultural que debíamos llevar a cabo, pero el negocio no estaba pensando en eso, sino en el posicionamiento de la marca de cara a nuestros clientes y socios.

El CEO de la compañía, una vez concluida la reunión del comité ejecutivo, me dijo: «Ricardo, yo estoy de acuerdo contigo, ya lo sabes, pero no podemos imponer una política si el comité no la aprueba. Te propongo algo: tú y yo seguiremos vistiendo como has propuesto». Y citó

8. A fin de simplificar el caso, doy como ejemplo la vestimenta propuesta para los hombres.
9. La propuesta era más completa e incluía referencias gráficas.

El príncipe, de Maquiavelo: «Los hombres, en general, juzgan más por los ojos que por las manos, porque muchos son los que ven y pocos los que tocan». Así lo hicimos, porque, «*wether we like it or not, we are being seen*»[10].

Al principio, los únicos sin corbata éramos él y yo, evidentemente. Pero poco a poco el estilo de vestimenta fue cambiando. Porque no era una iniciativa «descabellada», sino que la sociedad misma estaba cambiando. Se empezaban a ver empresarios y políticos sin corbata en los medios. Fue un cambio paulatino. De todas formas, debo reconocer que el cambio en la empresa sólo acabó de calar cuando en una conferencia de *management* global, el director ejecutivo mundial de la multinacional apareció sin corbata. Allí todos se sintieron oficialmente habilitados.

Cuando recuerdo esta anécdota, me viene a la cabeza la frase acuñada por Xavier Marcet: «Hay que ir medio paso por delante». No más. Las transformaciones culturales se hacen poco a poco y sólo cuando las personas están preparadas para hacerlas. No se pueden imponer. Tienen que nacer desde dentro.

---

10. Brescia, G. (2014). *Change your clothes, change your life*. Simon and Schuster.

Años después, con un comité ejecutivo renovado y una transformación de nuestro estilo de liderazgo ya consolidada, nos encontramos en una situación similar. Nuestra cultura organizativa ya se había transformado mucho. Habíamos elaborado nuestro propósito corporativo, habíamos explicitado nuestros valores y los vivíamos de forma consciente. Es decir, no solamente con bonitos cuadros en las paredes, sino aplicando esos valores en las decisiones que tomábamos, en las conversaciones con nuestros equipos, en las negociaciones con nuestro comité de empresa, etc.

Y, un día, la realidad nos puso delante de una decisión que hasta ese momento no habíamos tenido la necesidad de plantearnos. Teníamos una candidata a un proceso de selección con un perfil muy sólido (formación, experiencia, valores) y un encaje cultural muy claro. Todos los involucrados en el proceso de selección estábamos de acuerdo en hacerle una oferta de trabajo. El detalle era que la candidata era de fe musulmana y vestía *hijab*. Nunca habíamos formalizado explícitamente aquella política de vestimenta y vimos aquí la oportunidad para hacerlo, posicionándonos explícitamente a favor de la diversidad, la inclusión y la libertad de fe religiosa. En esta ocasión, el comité ejecutivo aprobó por unanimidad la política de vestimenta que recogía la propuesta de algunos años atrás (y que *de facto* ya estábamos aplicando) y que además incorporaba la inclusión de símbolos religiosos, étnicos y culturales.

Cuando construimos explícitamente una cultura empresarial basándonos en un propósito claro, en un sistema de valores compartidos de forma genuina, se genera una coherencia que va extendiéndose a todas las decisiones, políticas y órganos de gobierno de la organización. Como ya hemos dicho, todo esto no se implementa de la noche a la mañana, ni tampoco por decreto. Se construye día a día, revisando cada política, cada decisión, cada forma de hacer las cosas. Y no se hace de una vez y para siempre, sino que hay que tener el hábito de saber cuestionarnos a nosotros mismos. Ya sea porque la realidad cambia y ofrece nuevos matices que debemos someter a la lupa de nuestros valores o porque nosotros como organización evolucionamos y vemos matices que antes no veíamos. Debemos gestionar la transformación cultural para ir adaptándonos paulatinamente, para que no sea necesario ningún «golpe de timón», para que no sea necesario hacer nada drástico. Gestionar con la mirada puesta en el futuro, conectados con nuestros clientes, con el mercado, con nuestros equipos, con la sociedad y con las personas. Porque las personas que componen la organización viven —vivimos— los valores de la sociedad y si la empresa no evoluciona al mismo ritmo y en la misma dirección que lo hace la sociedad —o incluso «medio paso por delante»—, si mantenemos formas de hacer las cosas «como se hicieron siempre», de pronto nos daremos cuenta de que las hacemos «como se hacía antes». No nos habremos transformado y nos convertiremos en una compañía obsoleta, con una cultura que no seduce al talento que necesitamos. Así pues, afinemos los sentidos.

10. Para ir acabando: Sobre el cambio

Un huevo puede romperse de dos maneras: de fuera hacia dentro o de dentro hacia fuera. Para que nazca la vida que ese huevo lleva dentro debe romperse desde dentro y cuando sea el momento adecuado.

Lo mismo sucede con el cambio. Debe nacer desde dentro.

Basado en mi experiencia, creo que es incorrecto decir que las personas tenemos miedo al cambio. El temor al cambio es muy poco frecuente. Al contrario, el cambio nos motiva, nos da energía. De forma tal que llegamos incluso a provocarlo a fin de romper la rutina, o el aburrimiento.

Contrariamente, lo que sí existe es el miedo a perder, miedo a lo que podemos perder con un cambio.

Si queremos que se produzca un cambio genuino, tiene que existir un convencimiento, un deseo de cambiar que venga desde el corazón de la persona o de la organización; un deseo impulsado por la convicción de que lo que hay por ganar vale mucho más que lo que tenemos miedo de perder, un deseo impulsado por aquellos valores que queremos honrar.

Agradecimientos

En primer lugar, te agradezco a ti, lector, por haber dedicado tu atención y tiempo a leer estas páginas y a reflexionar sobre estas ideas. Para que hayas podido tener este libro en tus manos tuvieron que sumarse la voluntad, el esfuerzo y el tiempo de muchas personas, no solamente los míos, sino también los de personas que dedicaron su tiempo a leer mis textos, a darme *feedback*, a facilitarme referencias bibliográficas, a preparar la edición y maquetación, a comercializar el libro, etc. Así que… ¡gracias a todas ellas!

También quiero dar las gracias a Alba Melero, Andrés del Toro y Rixtar Bacete, por haber sembrado la semilla de este libro, tal vez sin saberlo.

A Jordi Nadal, por su confianza y su amistad.

A todo el equipo de Plataforma Editorial, y en especial a Andreu, por su profesionalidad y ¡por ponerlo todo tan fácil!

A las personas que dedicaron su tiempo a leer el texto y a darme *feedback*: Paco Pérez Botello, Marco Cortinovis, Fabricio Kaplan, Guillermo Tena, Javier Argüello, Cristina Herranz, Sara Hernández, Mar Gaya y Laura Ros.

A mis compañeros del comité ejecutivo de Volkswagen Group España Distribución. ¡Es un verdadero lujo trabajar en un equipo de profesionales con valores tan humanos!

Al equipo de Personas y Organización de Volkswagen Group España Distribución, por enseñarme a ser mejor jefe, cada día.

A mis mentores, compañeros y jefes, que me han ayudado a crecer como profesional y como persona, con quienes he vivido muchas de las experiencias y anécdotas que describo en estas páginas: Carlos Moyano, Sergio Coco, Marcelo Williams, Lito Queraltó, Silvio Savoldi, Fabricio Kaplan, Igone Bartumeu, Guillermo Tena, Salvador Garrido, Paco Pérez Botello, Alan Walters (DEP), Carlos Pérez Datti (DEP) y muchas otras personas con las que crecí y aprendí a lo largo de estos treinta años de experiencia. A todas ellas, ¡gracias!

Se está gestando un *big bang* empresarial
similar al del Renacimiento del siglo xv, que supuso
un punto y aparte en el progreso de la humanidad.
Lo que Xavier Marcet y Javier García denominan
management humanista.

Una selección de artículos de una de las voces
más influyentes en el mundo de la empresa
que nos familiarizará con los retos del *management*
en la actualidad y servirá de inspiración a los lectores.